青少年综合素质培训书系
QINGSHAONIAN ZONGHE SUZHI
PEIXUN SHUXI

青少年身体素质培训

本书编写组◎编

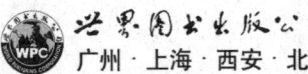

广州·上海·西安·北京

图书在版编目（CIP）数据

青少年身体素质培训 /《青少年身体素质培训》编写组编. —广州：世界图书出版广东有限公司，2012.8（2021.5 重印）
ISBN 978-7-5100-3443-5

Ⅰ. ①青… Ⅱ. ①青… Ⅲ. ①青少年-身体素质-运动训练 Ⅳ. ①G808.17

中国版本图书馆 CIP 数据核字（2012）第 144463 号

书　　名	青少年身体素质培训 QINGSHAONIAN SHENTI SUZHI PEIXUN
编　　者	《青少年身体素质培训》编写组
责任编辑	李翠英
装帧设计	三棵树设计工作组
责任技编	刘上锦　余坤泽
出版发行	世界图书出版有限公司　世界图书出版广东有限公司
地　　址	广州市海珠区新港西路大江冲 25 号
邮　　编	510300
电　　话	020-84451969　84453623
网　　址	http://www.gdst.com.cn
邮　　箱	wpc_gdst@163.com
经　　销	新华书店
印　　刷	北京兰星球彩色印刷有限公司
开　　本	787mm×1092mm　1/16
印　　张	13
字　　数	160 千字
版　　次	2012 年 8 月第 1 版　2021 年 5 月第 10 次印刷
国际书号	ISBN 978-7-5100-3443-5
定　　价	38.80 元

版权所有　翻印必究

（如有印装错误，请与出版社联系）

前　言

　　梁启超先生说："少年强则国强"。祖国对青少年寄予了无限的希望。青少年是祖国繁荣昌盛的希望。

　　人才，并不是天生的。人才的成长需要各式各样的条件和因素。要把一个天真无邪的孩子培养成为一个品德优良、知识渊博、富于创新能力的人才，很显然，健康的身体是重要的基础，因为，健全的体魄不仅是成为社会有用人才的最起码、最基本的条件，而且是事业成功的基本保证。在同样的条件下，你的身体越健康，思想越健全，你就越能做出更大更多的贡献。

　　也许有人不同意这种说法。他们会说：历史上有不少对社会做出贡献的杰出人物，身体并不怎么健康。像奥斯特洛夫斯基、契诃夫、波隆贝斯库、李贺……不都是在身体多病甚至严重伤残的情况下，取得了非凡的成就吗？

　　当然，这些事实不能否认。然而，我们也可以反过来问一句，假如奥斯特洛夫斯基是一个体魄强健的人，波隆贝斯库、李贺活得更长久，他们的贡献不是可以更大一些么？

　　所以我们说，只有具有好的身体素质，才能成为一个对社会更加有用的人才，而只有讲求保健，注重锻炼，合理饮食，养成好的生活习惯，才能有健康的身体。

　　青少年时期，对于一个人来说，一生中只有一次。青少年时期对于生命的全部意义，意味着生命和活力，意味着向上和进取，意味着奋斗精神和成就……

古人说:"一寸光阴一寸金,寸金难买寸光阴。"有谁不希望青春年华能够放慢匆匆的脚步呢?然而,善于驾驭青春的人们却很少。其实,大可不必去仰天长叹:"时兮时兮,去而不复兮",而是应该迈开青春的脚步,去追求更加灿烂辉煌的明天。

一个人的青春有多久呢?至今尚没有人能够准确地作出回答。因为在现实生活中,人们不难发现:有的人,才三十出头,就已经未老先衰,鬓花背驼;有的人,虽然已经年届半百,却仍然行动敏健,精力充沛,看上去还很年轻,给人一种青春不曾离去之感。

青少年的保健,应该是多方面的、综合性的。

精神因素在永葆青春的艺术中,占有举足轻重的地位,是关键性的因素。体育锻炼是保证青春常在的另一个重要措施。坚持体育锻炼的人,容光焕发,肌肉发达,身材匀称,反应灵敏,在工作和学习中生龙活虎,精力充沛,洋溢着青春的活力。锻炼可以使神经系统的兴奋和抑制过程保持协调,从而发挥其正常的"司令部"的职能。足够的营养供给,严格而有规律的生活习惯和卫生习惯等也都是永葆青春的必不可少的因素。

所以青少年要想永葆青春,就必须有过硬的身体素质。

目 录
Contents

体质决定身体素质

认识我们的身体 …………… 1
什么是体质 ………………… 21
青少年体质特点 …………… 24
身体素质 …………………… 30
如何判定体质是否健康 …… 35
身体素质测评 ……………… 39

体育锻炼增强身体素质

生命在于运动 ……………… 46
体育锻炼与人体功能 ……… 50
科学的进行体育锻炼 ……… 59
运动项目的选择 …………… 63
有氧运动和无氧运动 ……… 67
冬季锻炼与夏季锻炼 ……… 69
晨练 ………………………… 73
各种强身健体的体育项目 … 78

营养增强身体素质

所谓营养 …………………… 97

营养调配 …………………… 100
营养来源 …………………… 106
粗细搭配 …………………… 110
每天一杯牛奶增强身体素质 … 113
鸡蛋的营养价值 …………… 116
新鲜果蔬每天吃 …………… 118
维生素 ……………………… 123
有益的维生素 ……………… 126
健康饮水 …………………… 134
钙的摄入 …………………… 137
盐的摄入 …………………… 143
碘的摄入 …………………… 144
铁的摄入 …………………… 147
铜的益处 …………………… 149
锌的作用 …………………… 152
药补不如食补 ……………… 155

良好心态有助于良好的身体素质

心理素质的重要性 ………… 159
保持健康的心态 …………… 160
乐观与悲观 ………………… 162

喜悦与烦恼 …………… 164	不要蒙头睡觉 …………… 183
请君息怒 ……………… 165	健康饮食天天吃 ………… 185
紧张调节 ……………… 166	不偏食的好习惯 ………… 191
心境调节 ……………… 168	节假日的暴饮暴食 ……… 194
远离孤独 ……………… 169	零食利弊 ………………… 195
自我暗示 ……………… 171	洋快餐的弊端 …………… 196
做一名心理健康的青少年 …… 172	洗手洗脚好习惯 ………… 198

好的生活方式决定好的身体素质

生物钟及合理休息 …… 174	运动后不要马上用冷水冲澡 …… 200
"开夜车"的弊端 ……… 182	不要久坐不动 …………… 201
	尾声 ……………………… 202

体质决定身体素质

认识我们的身体

若想有好的身体素质，首先要了解我们自己的身体。

人体是由运动系统、消化系统、呼吸系统、泌尿系统、生殖系统、循环系统（又称脉管系统，包括心血管系统和淋巴系统）、内分泌系统、神经系统和感觉器系统组成的，其中与运动关系最为密切的系统是运动系统、神经系统、心血管系统和呼吸系统。

一、强健的骨骼是好的身体素质的保障

1. 骨骼结构

大家知道，万丈高楼需要钢筋框架，七尺之躯全凭骨骼支撑。我们的身体之所以能长高、长大，并能雄赳赳地站立行走，最主要的原因是躯体内有一副结构完备的骨骼。人体的骨骼，分成头骨、躯干骨和四肢骨三部分，在成人共有206块骨头。

头骨，顾名思义是形成脑颅和面颅的骨头，它包括颅骨、面骨（如上颌骨、下颌骨）听骨和舌骨，大大小小共有29块。颅骨除了保护着人体最重要的器官——脑，还协助咀嚼食物、讲话和收听声音。

躯干骨，主要指人的脊梁骨。它由26块椎骨相互联结而成的脊柱，纵

贯身体胸部和腰部直至骶部。脊柱并不怎么粗壮，可它支撑着身体的大部分重量。脊柱在胸部和肋骨、胸骨相互联结，组成胸廓；在骶部和下肢带骨共同围成骨盆，从而可以相当有效地保护着胸腔和腹腔内的内脏。脊柱背侧的椎管内容纳脊髓，脊髓好比是一条白色、粗约1.3厘米的人体电缆，负责上下传送信息和指挥简单反射活动，如果没有脊柱保护，将会产生难以想象的后果。

　　脊柱是怎么支撑50甚至上百千克的身体灵活活动的呢？原来，它依靠两个法宝，一个是脊椎骨与脊椎骨之间配备一种叫做椎间盘的缓冲垫。它像柔软、坚韧而富有弹性的橡皮圈，可以大大减少脊椎骨之间的相互摩擦。尽管如此，由于人每一个脊椎骨之间还要承受45千克的震荡压力，加上长时间站立，椎间盘受体重挤压，通常长约70厘米的脊柱一天下来会变短2~3厘米，人的身高相应就会变矮。所以量身高最好在上午9~10点钟。

　　另一个法宝是，从侧面看，脊柱在颈、胸、腰、骶段部位各出现一个弧状弯曲，即颈曲、胸曲、腰曲和骶曲。可别小看这些弯曲。测试表明，体内有这种S形脊柱支持，人笔直站立或走动时产生的震动，可以得到有效的缓解。另外，脊柱在保证支持体重的前提下能弯、能扭，较有利于身体适应各种复杂动作。

　　可以大胆设想一下骨骼支撑身体的重要性，一个人如果没有骨骼，将会成为一堆软绵绵的物体。这种大胆假设的事情，居然真的出现了。有一家报刊报道，俄罗斯有一个43岁的胖子，全身上下没有一块骨头。他虽有头发、内脏、肌肉、神经等被皮肤包裹着，却没有各种骨头支撑，所以整个身体就像一团面粉。照顾他的医生说，这位没有骨头的人身体很健康，也能正常地思维，精神状态也不错。可惜身体软绵绵的，只能长期躺在床上度日，活动受到极大限制。若要把他抬起来，由于体内组织器官的重力作用，包裹的皮肤会爆裂，五脏六腑将流出来。由于胸部没有肋骨支撑，他常气喘吁吁，不能像普通人那样正常呼吸。

　　最后说一下四肢骨，它包括上肢骨和下肢骨。上肢骨分为指骨、掌骨、腕骨、尺骨、桡骨、肱骨，下肢骨分为趾骨、蹠骨、跗骨、腓骨、胫骨、股骨等，骨头大大小小，成双成对组成人体的骨块，加起来总共有 206 块。

实验表明，人的骨骼作为支撑身体的框架，相当牢固和坚硬。科学家曾举行过一次有趣的硬度比赛，测试对象是下肢骨股骨即大腿骨、花岗石和松木。结果人体股骨荣获冠军，每平方厘米股骨承受 2100 千克重量安然无恙；而花岗石承受到每平方厘米 1350 千克时开始变形；松木最差，每平方厘米加上 424 千克重量，便大变样了。

2. 骨骼造血

讲到这里，我们已大体了解了骨头的功能是支撑身体、保护内脏和辅助运动。其实骨还有一种很重要的生理功能不能忘记，这就是造血。生理学家指出，骨假如停止造血，4 个月后人全身的血液将会枯竭。骨是怎么造血的呢？为了回答这个问题，让我们看一下骨头的结构。

可以取一根新鲜的长骨如股骨进行观察，最外面即骨的表面有一层结缔组织膜，这叫做骨膜。骨膜内有丰富的血管和神经，对骨起输送营养作用。把长骨纵向锯开，从剖面上能清楚显示两种骨质，即骨密质和骨松质。骨松质结构疏松，呈蜂窝状，主要位于长骨的两端；骨密质致密坚硬，大部分集中在长骨的骨干。骨的中央是骨髓腔，骨髓腔和骨松质的网眼里充满骨髓。所以骨膜、骨质和骨髓是骨的结构成分，短骨、扁骨和不规则骨都包括这三种成分。只是分布跟长骨稍有不同，如骨密质集中在骨的表层，骨松质在骨的内部。

科学家的研究告诉我们，骨的造血是在红骨髓中进行的。人在胎儿和婴幼儿时期，不论是长骨还是其他什么骨头，里面的骨髓都是红骨髓，所以能源源不断地制造出各种血细胞。大约从 5 岁开始，长骨骨髓腔内的红骨髓出现脂肪组织，红骨髓逐渐变为脂肪组织形成的黄骨髓。随年龄增长，黄骨髓数量在逐渐增多，到成年阶段，骨髓腔里的红骨髓和黄骨髓约各占一半，这时长骨骨髓腔的造血功能便停止了。

好在成年人的扁骨、不规则骨和长骨骨端的骨松质中，红骨髓终生具有旺盛的造血功能，因而仍能满足身体对血细胞新陈代谢的需要。万一人不幸受伤大量失血，或患上贫血症，长骨骨髓腔内的黄骨髓因为保持着造血的潜能，所以就可回复成红骨髓，并造出大量的血细胞。

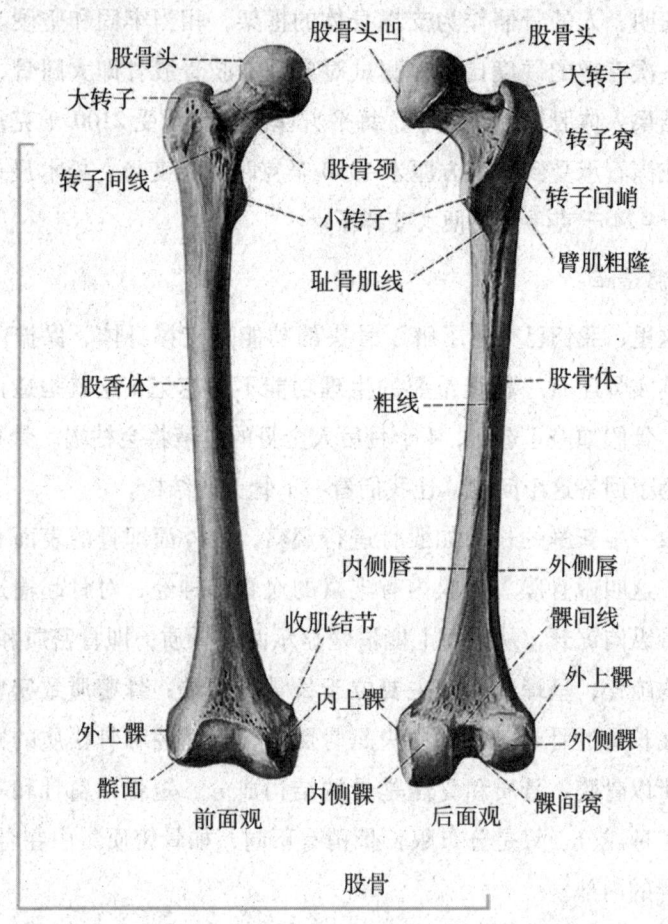

股骨

3. 骨骼生长和身高

青少年朋友们可能心里都有个疑问，那就是婴儿从出生起直到发育成大人，体内坚硬的骨头是怎么一同长大，出色地担当起支撑身体功能的。

这个问题提得好，如果骨头不能随年龄增长相应地伸长增粗，显然很难胜任支撑身体等生理功能。因此，有必要稍作说明。

骨头是一种结缔组织，它含有大量钙化了的细胞间质和好几种细胞。钙化的细胞间质叫做骨质。细胞则分为骨原细胞、成骨细胞、骨细胞和破骨细胞4种。成骨细胞非常活跃，能自外向骨组织外表面添加胶原纤维及基质。刚添加的胶原纤维及基质起初未钙化，质地较软，以后渐渐钙化便成为骨质。成骨细胞自身在分泌胶原纤维及基质的过程中被一点点包埋其中，于是转变为骨细胞。

同时，破骨细胞位于骨质内表面，它由内向外释放溶酶体分解酶和乳酸等物质，溶解和吸收早期形成的骨质。所以破骨细胞在长骨里面能使骨髓不断扩大。

这样，一方面成骨细胞在长骨两端及骨干的近外表面，不断产生骨质和转变为骨细胞，另一方面破骨细胞在骨的内侧将原先钙化的骨质消除掉，形成与骨干长轴平行并相互连通的骨髓腔。于是长骨在渐渐伸长、增粗，骨化变硬，人也就长高了。

医生告诉我们，影响骨生长的因素是很多的。从内因来说，父母的遗传和在基因控制下的激素分泌，对人的身高起重要的决定作用。但是，外因的条件，如营养、维生素的摄入，还有开展适宜的体育锻炼，加大必要的运动量，同样能促进骨的生长、改善骨的结构，使骨头更坚固，对折断、压挤等外力的抵抗能力更大。大量的统计资料表明，相同年龄、相同性别的青少年，经常锻炼的比很少活动的骨头长得更长更结实，而且身高也要高4～10厘米。

关于骨的生长和身高的内在联系，近年来科学家提出不少有价值的研究成果，很值得大家学习参考。人们通常都晓得，青少年处在长骨骼长身体阶段，骨头的主要成分是钙，因而应注意多吃些含钙丰富的食物，适当摄入钙片，多晒太阳，保证机体对钙和维生素D的需求量。现在还弄清，保证青少年每天有足够的睡眠时间，也是不可忽视的外部条件。因为骨的生长以至人的身高跟生长激素的分泌量成正比关系，而一天内生长激素正好在晚上睡着的时候分泌最多。如果青少年经常没有足够的时间睡眠，生长激素分泌不足，骨的生长和人的身高就会大受影响。调查证实，某些地方人虽很健康，但普遍长得很矮，有的甚至酷似侏儒，探究其根源，往往跟睡眠严重不足有关。

人的身高还跟人的精神因素有关。有这样一个女孩,身体查不出半点毛病,可就是不见长高,这是什么道理?仔细了解她的生活环境和心理、生理状况之后,才恍然大悟:她在家常遭到父母冷遇,精神长期处于压抑、不愉快的状态中,这样,生长激素分泌比正常的低许多,难怪她的身高比同年龄少年矮一大截。

二、好的身体素质离不开肌肉发动机

有了一副粗壮、坚固的骨骼系统,人要真正站立起来,并向前向后或转身动起来,离开了肌肉的鼎力相助,是无论如何办不到的。所以,科学而全面的认识是,人的运动系统除了骨骼和骨联结,还必须包括骨骼肌的参与。

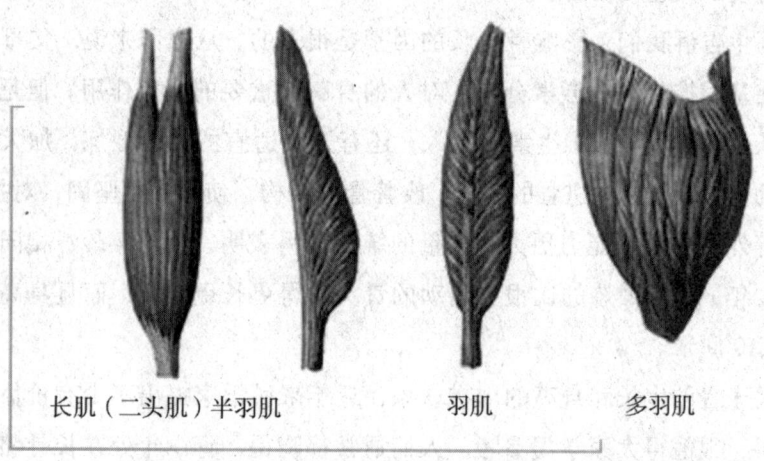

长肌(二头肌) 半羽肌　　羽肌　　多羽肌

骨骼肌

骨骼肌附着在骨面上,以附着点作为支点,在神经系统的调节下,牵引骨骼,产生各种动作。人运动中,骨起杠杆作用,骨联结是运动的枢纽,骨骼肌则是运动的发动者。所以说,骨与骨联结是运动的被动部分,而骨骼肌则是运动的主动部分,骨骼肌是人体运动的发动机。

骨骼肌主要分布在身体的躯体和四肢上,它受人的意志支配,收缩快而有力。当然另有两种肌肉,一种叫平滑肌,一种叫心肌,它们同样也能驱动胃肠、血管、膀胱和心脏等的活动,不过均不受人的意志控制,因而称为不随意肌而与骨骼肌相区别。

一个人的骨骼肌共有600多块，大大小小，长长短短，配合得当，各具特色。长期的直立、奔跑，使背部、臀部和小腿后部的肌肉最发达。经常参加劳动，使上肢和下肢的肌肉有精细而明显的分工。语言的频繁使用，使呼吸肌、喉肌和舌肌高度分化。人不再像动物那样身体裸露，靠穿衣御寒，皮肌随之逐渐退化。人习惯吃烧熟煮透的食物，咀嚼肌变得愈来愈不发达。

在人体骨骼肌大家族中，要数小腿肌最辛苦最有力量。要了解某个人平时是不是常走动、奔跑，某个人是不是田径运动员，某个人是不是善于爬山登高，只要瞧瞧他的小腿肌发达程度就可明白。其次要数屁股上的臀大肌最能忍辱负重。它位于髂骨背面至股骨上端的后面，谁也不易看到，很不醒目。可哪个人干活、走路累了，坐下来伸伸大腿，休息一会时，臀大肌就在尽心尽职、任劳任怨地为你服务。碰到主人生了病，臀大肌还甘心情愿让医生屡屡扎针，帮助主人早早康复。

最善于表达感情的是脸部的表情肌。表情肌起源于面部的皮肌，多数一端附着在颅骨，另一端附着于皮肤；有的呈环形分布，如眼轮匝肌、口轮匝肌；有的呈辐射状分布，它们收缩时改变口和眼的形状，并使面部皮肤出现各种皱纹，从而产生喜怒哀乐等各种各样的表情。

此外，还有一种收缩舒张最灵巧的肌肉值得一提，那就是舌肌。舌肌分为上肌群和下肌群，上肌群主要位于舌骨与下颌骨之间，下肌群位于舌骨与胸骨之间，它们能伸能缩，互为配合，使得舌头或伸长变短，或上下翻动，或个个卷曲。各种形状灵活多变。

三、呼吸系统是身体素质良好的关键

为了说明肺活量与体育锻炼的关系，有必要专门介绍一下呼吸运动。那么什么是呼吸运动呢？简单地说，胸廓有规律地扩大和缩小，就叫做呼吸运动。人呼吸时，肺本身不能自己扩张和收缩，它必须依靠胸廓的扩大和缩小，才能引起肺的扩张和收缩。否则，肺就难以跟外界进

行气体交换。

只要注意观察，我们可以看到胸廓和腹部总是伴随呼吸运动而有节奏地起伏着。在吸气时，胸廓扩大；在呼气时，胸廓缩小。

呼吸运动的动力是什么呢？这就要归功于呼吸肌的收缩和舒张。

人体主要的呼吸肌是肋间外肌和肋间内肌。在平静呼吸时，肋间外肌收缩，使肋骨和胸骨向上向外移动，胸廓的左右径、前后径增大；与此同时，膈肌收缩，它的顶部下降，胸廓的上下径也增大。这时，整个胸廓的容积扩大，肺也随着扩张。肺扩张时肺容积增大，肺里的气压下降，变得比大气压低，于是外界的气体就进入肺泡，这就是通常所说的吸气。

与此相反，肋间外肌和膈肌舒张，肋骨下降，膈肌顶部回升，胸廓容积变小，肺借助自身的弹性回缩，容积变小，肺里的气压升高，当变得高于大气压时，肺泡里的部分气体被排出体外，这就是呼气。

在上述的平静呼吸中，吸气运动是主动的，呼气运动是被动的。吸气是依靠呼吸肌（主要指肋间外肌和膈肌）的收缩引起的；而呼气是依靠呼吸肌的舒张（松弛）以及胸廓因自身弹性和重力作用恢复到原来的位置造成的。

跟平静呼吸不同，人在用力呼吸（如深呼吸）时，除了上述呼吸肌收缩增强外，还有其他的呼吸肌，如肋间内肌也参加活动，甚至许多呼吸辅助肌，如斜角肌、胸锁乳突肌、腹肌也一同参加活动。因而胸廓容积大小变化更大，肺的容积和肺的通气量和肺活量自然也大。

经常参加体育活动和体力劳动的人，可以大大提高肺活量，增强呼吸系统的功能。因为人在运动时，呼吸的深度和次数都增加，促使众多呼吸肌乃至呼吸辅助肌一同调动起来，扩大胸廓的容积，这样参加呼吸作用的肺泡数量增多了，肺活量增大了，也就满足了人体运动时对氧气的需求。因此，青少年应该积极参加体育活动和体力劳动。

人患了某些疾病，如胸廓畸形、大量腹水、大量胸水、肺炎、哮喘等，会使肺活量减少。此外吸烟也会影响肺活量。

四、良好的体内新陈代谢是好的身体素质的基础

1. 新陈代谢

人体生命活动的基础是新陈代谢，它包括物质的合成代谢和分解代谢。人体从外界摄取物质经过一番变化，变成自己身体的一部分，并且贮存能量，这种变化叫做合成代谢。与此同时，构成身体的一部分物质也不断地氧化分解，释放出能量，并把分解的产物排出体外，这种变化叫做分解代谢。合成代谢需要能量，分解代谢释放能量，而合成代谢所需要的能量正是由分解代谢所释放出来的，可见合成代谢与分解代谢这两个方面，既相互矛盾，又相互联系。它们组成人体的一个新旧交替的过程，这就是新陈代谢。人体的新陈代谢时时刻刻都在进行着，新陈代谢一旦停止，生命也就结束了，其他的一切生物也都是这样。所以说，新陈代谢是维持生命的基本条件，它为个体的生存、生长发育、生殖和维持体内环境恒定提供物质和能量。

人在青少年时期，身体正处于生长发育阶段，摄入物质的总量超过排出物质的总量，因此身体逐渐长大，这就是合成代谢占优势。当人患病期间，摄入物质的总量少于排出物质的总量，因此，身体逐渐消瘦，这就是分解代谢占优势。

人体在新陈代谢过程中，既有物质变化——物质代谢，又有能量转换——能量代谢。下面分别介绍一下物质代谢和能量代谢。

2. 物质代谢

人体内有很多化学物质，假如把性质相近的归在一起，不外包括蛋白质、糖类、脂类、水及无机盐这几大类，物质代谢实际上也是围绕这几种物质进行的。

(1) 蛋白质的代谢：蛋白质是组成人体结构的主要物质。食物中的蛋白质经过消化，变成各种氨基酸，被吸收到人体后，在各种组织细胞内，在各种酶的参与下又重新合成人体所特有的蛋白质。而体内原来的蛋白质中，有的就分解，蛋白质分解代谢的第一步是变成氨基酸，氨基

酸氧化后生成二氧化碳和水,并释放能量。一些蛋白质分解的最终产物如尿素等则由尿排出体外。因此,人体内的蛋白质,不论是细胞之内的(构成细胞成分的蛋白质),还是细胞之外的(如血浆里的蛋白质),都在不断地进行着更新除旧。如血浆里的蛋白质,大约每10天就要更新一半。

蛋白质约占人体重量的17%,是人体干物质中数量最多,生理作用最复杂的物质。蛋白质不仅是机体各种细胞的组成成分,也是一些生理活性物质如酶、激素等的重要成分。此外,蛋白质对体液的酶碱平衡和维持正常的渗透压也起着极其重要的作用。因此,当机体缺乏蛋白质时,容易导致机体生长发育迟缓、体重减轻、疲劳、贫血、创伤不易愈合、对疾病的抵抗力减弱及病后恢复缓慢等。严重缺乏时,可出现营养不良性水肿。

在鱼、肉、黄豆、奶及蛋中,蛋白质的含量较为丰富。一般认为,动物性蛋白质的质量最高,植物性蛋白质中的黄豆、米和面则其次。目前,我国人民膳食中米和面所占的比例最大,在一日膳食蛋白质供给量的总量中约占50%。

(2) 糖类的代谢:糖又叫碳水化合物。食物中含的糖类主要是淀粉,淀粉经过消化变成葡萄糖,吸收到体内。

正常血液中葡萄糖量(简称血糖),必须保持在80~120毫克/100毫升范围内。这个数值要相对稳定,才能维持细胞的正常生理活动。当大量的食物经过消化,陆续吸收到体内,血糖的含量会显著增加。这时,肝脏可以把一部分葡萄糖转变成糖元,暂时储存起来。同样肝脏也能将储存的糖元变成葡萄糖输送给血液。这样,血糖浓度才能维持在正常水平。

如果吸收到体内的葡萄糖过多,葡萄糖经过上述的变化以后,仍然有剩余,这部分葡萄糖就在细胞内转变成脂肪贮存起来。因此,有的人尽管没有吃很多脂肪类食物,仍然有可能胖起来。而劳动量大的人,体内糖的氧化也多,不会有过多的糖变成脂肪,不太会发胖。此外,糖还是构成核糖核酸、脱氧核糖核酸的重要成分和起着保护肝脏的功能。

糖主要由糖食和薯类供给，是热量最主要最经济的来源，也是生命活动的主要能量。

（3）脂肪的代谢：脂肪在人体组织中的含量波动很大。食物中的脂肪经过消化，吸收到体内以后，大部分是在皮下、肠系膜、肌肉间隙等处贮存起来，这部分脂肪称为贮存脂肪，含量常随膳食脂肪量而变动。而贮存于细胞质和细胞膜中的脂肪称为组织脂肪，其含量稳定不受膳食脂肪的影响。成年人贮存的脂肪一般占体重的10%～20%，女子通常比男子多一些。当身体需要时，这部分贮存的脂肪也可以进行分解，释放能量，供细胞利用。此外，脂肪还有维持体温、固定组织和保护脏器、调节生理功能等作用。

脂肪主要由食用油脂和动物性食物供给。米、面内含脂肪量虽然极少，但因每日食用量大，故也是脂肪的来源之一。此外，黄豆、胡桃、花生等的脂肪含量也极其丰富。

（4）水和无机盐的代谢：水是人体组织或细胞的重要组成部分，它可调节体温，维持正常的消化吸收、血液输送和排泄功能。又是体内各种生化反应的重要媒介。成人体内的水分约占人体重量的60%，且年龄越小所含水分的百分比越高。一个人若多日不食但有水分的补充，仍可维持生命20多天，但如缺水几天或身体失水20%后就可引起死亡，由此可见水对人体的重要性。

人体内的水主要来自食物和饮料，除此之外体内的物质氧化也可以产生一些水。人体内水的排出，主要是通过肾脏随尿液排出的，其次是通过皮肤、呼吸道以及随着粪便而排出的。

（5）无机盐：又称矿物质，占人体总重量的4%～5%，人体中无机盐元素有60余种，但钙、镁、钾、钠、磷、硫、氯等7种含量较多，其他如铁、铜、碘等则含量极微，所以又称微量元素。无机盐在体内含量虽少，但却有极其重要的生理功能，如维持构成机体内的渗透压和酸碱平衡，维持正常的生理活动，同时也是体内活性成分如酶、激素等的组成成分。体内的无机盐主要是通过肾脏排出，其次是通过皮肤排出的。

无机盐的来源主要是蔬菜和粮食。我国膳食中的无机盐以钙最为缺乏，绿叶蔬菜、豆、牛奶中含有较多的钙。有些高原、山区的居民食物中碘量较少，常易引起地方性甲状腺肿。碘则以海洋水产品如海带及海盐中含量较为丰富。孕妇、乳母和儿童的铁需要量较一般成人为高，铁则以绿叶蔬菜、豆、牛奶中含量较多。

在正常情况下，人体摄入和排出水与食物的总量是容易维持平衡的。但是，在某些疾病的情况下，这种平衡就可能被破坏，严重的可导致生命危险。例如，在患急性胃肠炎时，大量水分和无机盐随着呕吐及腹泻排出体外，不仅如此，体内的水分还通过呼吸、汗液、尿液继续排出体外，造成严重的水、电解质紊乱。这时，除了给予病人消炎药外，还要给病人注射相当数量的生理盐水，来维持水的代谢平衡。又如，在剧烈的体力劳动和高温环境下，体内盐分随汗液大量排出体外，这时，由于体内缺乏盐分，可出现乏力、四肢麻木，严重者出现肌肉痉挛等现象。因此，必须及时补充一些淡的食盐水来维护体内代谢平衡。

3. 能量代谢

物质代谢与能量代谢两者密切相关，物质代谢总是伴随着能量代谢同时进行的。下面，让我们介绍能量代谢问题，并了解一个人每天究竟消耗多少物质和能量。

（1）食物的热量价：据测定，蛋白质、糖类和脂肪在体内氧化所释放出的热量，分别是：每克蛋白质平均为4.1千卡（1千卡为热量单位，相当于将1升水的温度升高1℃所需要的热量）。每克糖类平均为4.1千卡，每克脂肪平均为9.3千卡。因此，蛋白质的热量价为4.1千卡，糖类为4.1千卡，脂肪为9.3千卡。

人体所消耗的能量是由食物供给的。合理膳食中来自糖的热量不应大于70%，一日膳食中来自脂肪的热量约为20%，蛋白质的热量应在10%~14%。

（2）基础代谢：因为新陈代谢易受肌肉活动、环境温度、食物和精神因素等影响，运动或劳动、环境温度升高、进食和精神紧张等都能导致新陈代谢增强，此时能量代谢也增加。因此，我们必须了解一个人的基础代谢。那么，什么叫基础代谢？它有何重要意义呢？

基础代谢就是人在清醒、静卧、空腹和环境温度在20℃左右的条件下所消耗的能量，这些能量主要用于维持体温和神经、循环、呼吸等器官系统的生理活动。据测定，一个中等身材的成年男子在这种条件下一昼夜所消耗的能量约为1400千卡。基础代谢随年龄、性别、身材大小等生理因素的不同而有差异。但是，上述生理因素相同的人，总有一个正常的数值。当患某些疾病时，基础代谢就会出现异常。如甲状腺功能不足时，则基础代谢率降低；甲状腺功能亢进时，则基础代谢率升高。

（3）人体内物质和能量的消耗与补充：人在一天的学习、劳动等各种活动中需要消耗大量能量，一昼夜所消耗的能量总比基础代谢率高。但究竟高出多少，这主要由体力劳动的强度来决定。一般来说，体力劳动强度越大，则消耗的能量也大，与此相应的食物热量的供给也就要高。

青少年正处于身体迅速生长的时期，因此尤其需要增加营养。人体生长发育所需要的营养必须是全面的，如蛋白质、糖、脂肪、无机盐等都需均衡地摄取。而人体所必需的营养素是存在于各种动物和植物性食物中的，如肉、鱼、蛋、豆类及绿叶蔬菜中，所以青少年在饮食时尤其不能偏食。

（4）体温：人的体温一般保持在37℃左右，清晨2～6时体温最低，下午2～8时体温最高，波动不超过1.0℃。女子体温比男子稍高，且还随月经周期而变动，女子体温的周期变动，可能与性激素的分泌周期有关。人体内各种酶的适宜温度介于30℃～40℃，体温低了，代谢率下降；体温升高到某种限度（如42℃以上），代谢也将发生严重障碍。由此可见，维持体温的相对恒定，是人体进行正常生命活动的最基本的条件。体温之所以能保持恒定，则是神经和体液调节的结果，它使人体内的产热过程和散热过程保持相对平衡。

人体产热的部位主要是内脏和骨骼肌。安静时产生的热量主要来自内脏。剧烈运动时产生的热量，主要来自骨骼肌，约占总热量90%以上。剧烈运动时产生的热量比安静时高出10~15倍。人在寒冷的环境中，骨骼肌会出现不由自主的"颤抖"现象，据测定，这样颤抖能使人体内产热量成倍地增加。这是人体防止体温下降的重要防御反应之一。

体内的热量传导到体表，通过辐射、对流、传导以及蒸发等方式又不断向外界发散。因此，皮肤是人体赖以散热的主要部位。

在冬季，人体皮肤血管都收缩，血液流量小，皮肤温度降低，因而由皮肤直接散失的热量减少。同时，汗液分泌少，甚至不分泌，因此由汗液蒸发而散失的热量就很少了。这样就能使人在寒冷的环境里体温仍保持正常。

在夏季，人体皮肤血管舒张，血液流量增大，皮肤温度升高，因而由皮肤直接散发的热量增多。同时，汗液分泌多，因此由汗液蒸发而散发的热量也就增加了。当气温达35℃以上，人体的散热就主要通过汗液蒸发这一途径了，这样就能使人在炎热环境里体温仍保持正常，不致升高。

人在炎热的天气，特别是在高温环境下工作时间较长后，就会发生头昏、眼花、大量出汗甚至昏倒、抽搐等现象，这称为高温中暑。这时要赶快把中暑病人抬到阴凉通风安静的地方休息，松开衣扣。用冷水浸湿的毛巾放在病人前额部或用以擦身，使体温下降，并补充含盐饮料。再选用解暑药物等。如病情严重者，必须送医务部门抢救。

五、身高体现青少年的身体素质

大自然最杰出而神奇的创造，莫过于号称万物之灵的人类了。

比起长鲸大象，我们的体形也许过于矮小；比起昆虫田鼠，我们的身材却又如此高大。我们就这样存在于大自然规律的恰如其分的尺寸之中。

身高体重比例表

身高 年龄	152cm	156cm	160cm	164cm	168cm	172cm	176cm	180cm	184cm	188cm
19	50	52	52	54	56	58	61	64	67	70
21	51	53	54	55	57	60	62	65	69	72
23	52	53	55	56	58	60	63	66	70	73
25	52	54	55	57	59	651	63	67	71	74
27	52	54	55	57	59	61	64	67	71	74
29	53	55	56	57	59	61	64	67	71	74
31	53	55	56	58	6	62	65	68	72	75
33	54	56	57	58	60	63	65	68	72	75
35	54	56	57	59	61	63	66	69	73	76
37	55	56	58	59	61	63	66	69	73	76
39	55	57	58	60	61	64	66	70	74	77
41	55	57	58	60	62	64	67	70	74	77
43	56	57	59	6	62	64	67	70	74	77
45	56	57	59	60	62	64	67	70	74	77
47	56	58	59	61	63	65	67	71	75	78
49	56	58	59	61	63	65	68	71	75	78
51	57	58	59	61	63	65	68	71	75	78
53	57	58	59	61	63	65	68	71	75	78
55	56	58	59	61	63	65	68	71	75	78
57	56	57	59	60	62	65	67	70	74	77
59	56	57	58	60	62	64	67	70	74	77
60	56	57	58	60	62	64	67	70	74	77
61	56	57	58	60	62	64	67	70	74	77
63	56	57	58	60	62	64	67	70	74	77
65	56	57	58	60	62	64	67	70	74	77
67	56	57	58	60	62	64	67	70	74	77
69	56	57	58	60	62	64	67	70	74	77

体质决定身体素质

从 1.5~2 米，这大约是地球上几十亿男男女女的身高范围，而层出不穷的巨人和侏儒又常常刷新人类高和矮的记录。吉尼斯世界大全上身高 2.72 米的美国男子罗伯特和身高 0.48 米的荷兰女子波琳，恐怕可以算是目前世界人类身高的上限和下限了。

即使翻开年代久远的古书，我们也不难找出诸如伟岸、魁梧、七尺男儿、伟岸丈夫、虎体彪躯、金刚铁塔之类赞美高个子的词句。可见人们鄙弃矮小、追求高大的心态不自今日始。根深蒂固的观念认为，高大意味着健康、强壮、力量和俊美。至于有些当代姑娘在寻求配偶时，竟赫然把 1.70 米以下的男子宣布为二等残废，真可谓将贪高求长之风发扬到了极致。

顺应这种心理的研究成果于是就不断问世。教人如何长高的办法也五花八门、翻新出奇。然而，我们有没有认真考虑过，人类究竟应该长多高才好呢？

我们索性取坚硬的岩石为例。即使一座花岗岩构成的山，能够无限增高吗？计算表明，在地球上，山的临界高度是 11 千米，如果超过此限就难以"稳如泰山"了。巨大的剪应力会突破岩石的强度极限，导致山体的沉陷和崩塌。事实上，世界第一峰珠穆朗玛峰只达到不足 9 千米高。

简单的数学常识告诉我们，随着物体线度的增加，表面积将按平方数增加，而体积则按立方数增加。如果把跳蚤原模原样放大 10 倍，其结果绝不可能再跳上大树；燕子如果增大 10 倍，将再不能翱舞自如；老鼠如果增大 10 倍，从高楼上跌下来便再不会安然无恙；而假如真有童话中身高数丈、力大无穷的巨人，我们姑且也算他们比普通人高大 10 倍吧，其体重将达到 80 吨，即正常人的 1000 倍，而骨骼的截面积却只能增加 100 倍。于是这些可怜的巨人便会被自身体重压得举步维艰，甚至筋断骨折，哪里还谈得上去拔山举鼎、力扫千军呢？

看看现实生活中的巨人那步履蹒跚、行动迟缓的模样，便会明白高大的体态，足以使人类的灵活机敏大打折扣了。而皮肤面积不能和体重按同样比例增长，自然带来了热量散发的困难，这便是躯体庞大者特别怕热的原因。

问题还远远不止于此。我们知道，长颈鹿需要用 260 厘米水银柱高的血压才能把血液送到头部，身材高大的人无疑也需要较高的血压和更坚韧的血管才能避免脑供血不足。而肢体过长又会带来静脉回流不畅和末梢循环不良，何况庞大的躯体要求更多的供血量。这样，获取大高个美称的人就不得不以增加心血管系统的负担为代价了。其实，同步增加了负担的，还应包括消化系统、呼吸系统、泌尿系统和其他一切系统。就拿神经系统来说，想想看，恐龙以小小的脑袋管理几十吨重的身躯，使它成为生物史上典型的管理失败者。我们的脑袋如果负担一个比例过大的身躯，无疑也会导致自身管理失败。

身材高大引起的生理上的困难，还可以一直列举下去。翔实的统计数字指出，人类寿命和身高有着确定的函数关系。而寿星老人并不钟情于高个子，倒是常常垂青于身材矮小的人。湖北省对 88 名百岁老人的调查表明，他们的平均身高为 143 厘米，体重 38 千克，调查报告把"瘦小的体型"列为长寿的第一要素，这个结论和世界各地学者的研究成果是不谋而合。

稍稍环顾一下周围的亲戚和朋友便不难发现，人类的身材呈现着不断增高的趋势。有人根据古书上"堂堂七尺之躯"之类的记载，断言古人比今人高，这其实是因为古代尺度小于今天及文学作品的夸张描写所引起的误解。古墓中发掘的骨骼和古人留下的衣服都一目了然地证实，历史人物的身高明显小于现代人。而近百年来，精确的统计资料更清楚表明，全球人类的平均身高正以每年增加 1 厘米的速度直线上升。其中，我们中国人身高增长的势头来得晚，却来得猛。这种全人类方兴未艾的代代高现象，正引起各国政府和学者的广泛注意。

许多科学家都试图对这一现象做出解答：营养的充足，医疗条件的改善，地球上二氧化碳含量的升高，电磁辐射剂量的增加，人类迁徙流动的日益频繁，特别是远距离婚配的增多……究竟什么才是人类身高持续增长的真正原因，还有待进一步探索和证实。

而地球生命史上其他物种的兴亡盛衰，更不能不引起人类对自身命运的严肃思考。古生物学家告诉我们，恐龙的祖先原本都是小个子，经过亿万年的不断发福,终于变成生命史上最庞大的动物而走上穷途末路。今日世界上的大象、长颈鹿、大熊猫,当初都曾有灵活小巧的身躯,随着一代代自我膨胀,渐次沦落为珍稀的自然保护动物。可见躯体增大不利于物种的生存和繁衍。法国古生物学家德帕瑞和莫锐提出的动物躯体增大率揭示了这一生命法则。人类难道不该从许多物种走向衰落和灭绝的历史教训中,引起高度警觉和深刻反省吗?现在让我们把目光从科学理论上移开,而去注视一下社会实际,看看人类身高增长会带来怎样的一连串问题。首先,民以食为天,根据计算,人类身高平均增长30厘米,便会多耗去50%的食物。而衣服布料的消耗也将惊人地增长。如果人的双脚长大1/3,光一个美国每年制作皮鞋就要多用掉10000千米的皮革。而在消耗的另一端,成比例增加的是废料和污染。人类社会的经济将不明不白地承受这一意外的压力。

当我们把计划生育奉为国策时,大概很少想过,假如中国人每人身高增加1%,体重便相应增长3%,其结果相当于多养活3000万人。计划生育的多少成果被无形之中一笔勾销了。

更为深刻的后果还在于,人是一切的尺度,尺度变了,一切皆变。日渐高大的人类将不再对前人创造的生活环境感到舒适。房屋低矮了,家具短小了,车船的客舱狭窄了,生产工具不合手了。近来,美国许多古老戏院的座位已容不下身材高大的年轻一代,而被迫重新装修。法国秃鹰航空公司因乘客体重增大而减少飞机座位,致使每年损失利润200万美元。医生们则考虑是否必须加大药片的份量,以免普遍高大的患者服用后药力不足。很难设想某一天,人类会像换掉小了的衣服一样,换掉我们现存的无数文明成果。

如果把人的生长发育过程比喻为马拉松长跑的话,那么,出生的那天是起点,进入成年为终点。通常人们将女18岁、男20岁当作成年的界限,而实际上每个人的成年标准并不一样。只要留心观察一下便可发现,同年龄的小儿身体成熟度是不一样的。做家长的不妨回忆回忆自己长个儿的过程。有的人会说,我在小学六年级时是全班最高的,到了高中却成了全班最矮的了。有的人六年级时还是班里的小豆豆,但到了高中阶段猛长,全班都需仰视他。由此可见，只按年龄评价小儿的生长发育情况是不够可靠的，那么，用什么办法让人们准确地知道一个人是否成年了呢？测量骨龄能较准确地反映身体成熟度。最近，作者按照手腕部骨骼在不同发育阶段的 X 线表现进行评分，制定了骨龄计分标准，使骨龄测定量化。

骨龄计分为 1000，标志着人体发育成熟，如目前计分为 600（相应的骨龄男为 11.8 岁，女为 8.7 岁），揭示身体成熟度已达 60%，还差 40%。例如有甲、乙两个小孩，年龄都是 12 岁，现在甲比乙高，但将来仍然这样吗？不一定。如果甲现在骨龄是 15 岁，乙现在骨龄是 11 岁，则余下的生长期乙比甲多，以后很可能乙比甲高。再如有两个小孩，现在的个头一般高，年龄、性别又一样，他们以后谁更高些呢？一般而言，骨龄小的可能比骨龄大的长得高。因为他们可用较少的生长期来获得较多的增高量。

测量身高是定量的，测定骨龄用计分法也是定量的，故以身高、骨龄监测促高的方法是最可靠和最简便易行的。

目前一些家长为了让孩子长高，喜欢给孩子服用"促进增高"的补养物品。需提醒家长注意，吃这些东西有可能存在现在促高，将来变矮的问题。因为只看近期内增高多少是不够的，甚至是危险的，还应看其间骨龄增长多少。如果吃补剂增高加快是以骨龄增加过多，即以身体成熟过快代价的话，则远期结果反而使生长期缩短，孩子到了成年身高反低。由此可见，促进孩子长高的关键是应使身高增加量和骨龄增加量成恰当比例。服促高药品时可以每 3 个月测身高一次，每 6~12 个月测骨龄一次，以便及时发现促高是否使生长期时间消耗过多的问题。

预测一个人成年时能长多高，有多种方法，最简便的方法是根据父母身高预测：儿子的成年身高范围 =（父高 + 母高 + 10）÷ 2 ± 8 厘米；女儿的成年身高范围 =［母高 +（父高 − 10）］÷ 2 ± 8 厘米。但此法未考虑后天因素，实际上只能代表遗传高度。后天有利影响可使成年身高达到或超过遗传高度的上限；若是相反的情况，则可能使孩子成年后身高低于下限。家长应尽可能地提供给孩子良好的生长环境，寻找并消除影响下一代成长的不利因素。

此外尚有"目前身高预测"、"目前足长预测身高"、"多因素预测"等多种办法。现已公认，年龄、身高、骨龄是最基本的预测因素。三者各自从增高过程已经历的时间、已达到的高度、已消耗的生长期时间的多少提供预测信息，因此互相配合后总体预测效果更好，准确度更高，对于青春期开始后的青少年尤为可取。

六、有健康的心脏才有好的身体

什么样的心脏更健康呢？

心脏是大的好还是小一点的好？要搞清这个问题，先得知道心脏是怎么工作的。

心脏有四个腔：左右心房和左右心室。其中左心室的作用是收缩后将血液泵向全身，而右心室的作用则是将血泵入肺部进行气体交换。

由于头部比胸部高出许多，所以左心室收缩必须非常有力才能将血压到头部，而心室的收缩靠的是组成心室壁的肌肉的收缩，如果左心室肌肉壁很厚，心脏这个泵工作时就会很有力，而这样的心脏外形上就会大一些。

我们再从另外一个角度来看：假如一个人一分钟需要心脏泵出4500毫升血液，如果心脏中心室大一些，心室壁的肌肉再厚一些，那么心脏每收缩一次所"泵"出的血液就会多一些，而每分钟全身需血量一定的话，心脏每分钟跳动的次数就会少一些，心脏休息的时候就会多一些，这样的心脏在你的一生中就不易疲劳，不易生病。

现在明白了吧？健壮的心脏应该是较大的，而运动员的心脏确实比不大运动的人的心脏要大一些。

测定心血管系统的功能，一般是用运动定量负荷试验的方法，以测量运动前后脉搏的变化及恢复的时间。运动负荷试验的方法很多，下面我们介绍一种简单的方法：

被测者静坐片刻，测量安静脉搏数（以10秒为单位），取其稳定值（即连续测3个10秒基本一致的脉搏数），再测血压。然后让被测者起立，两脚分开，与肩等宽，两臂自然下垂，以 30 秒 20 次的频率作起蹲动作。下蹲时，足跟不离地，两膝要深屈，上肢向前平举；起立后，两臂复原。均速重复做 20 次后（一定要在 30 秒钟内完成），测量前 10 秒钟和 1 分、2 分、3 分钟的脉搏及血压。

一般来说，30 秒 20 次起蹲后，即刻脉搏（前 10 秒）不应超过安静时的 70%，3 分钟内应恢复。负荷后脉搏上升越少，恢复越快越好。

什么是体质

一、何谓体质

体质，是指人体的质量。它是在遗传性和获得性的基础上表现出来的人体形态结构、生理功能和心理因素的综合的、相对稳定的特征。

体质是人的生命活动和劳动工作能力的物质基础。它在形成、发展和消亡过程中具有明显的个体差异和阶段性。表现出从最佳功能状态到严重疾病和功能障碍等各种不同的体质水平。

遗传是人的体质发展变化的先天条件，但是，它对体质强弱的影响只提供了可能性，而体质强弱的现实性，则有赖于后天环境、营养、卫生和体育锻炼等因素。物质生活条件（如营养等）是决定体质强弱的基本因素，而体育锻炼则是增强体质的最积极、最有效的途径。

二、中国人的九种体质：

第一种体质是气虚，表现为如果一个人经常气不足，不够用，那就说明这个人气虚。

第二种体质是阳虚，表现为怕冷不耐寒，说明此人阳虚。

第三种体质是阴虚，表现为有很多内热，怕热且老是口渴口干，说明此人阴虚。

第四种体质是湿热，表现为吃了热辣食物容易长包（比如火锅），说明这个人湿热。

第五种体质是痰湿，表现为肥胖，脑门油光，说明此人痰湿。

第六种体质是淤血，表现为脸上有钞票纹，舌下静脉容易瘀紫晦暗，身上容易长斑。说明此人淤血。

第七种体质是特禀，表现为极易过敏，特殊的，起荨麻疹等等。说明这人是特禀体质。

第八种体质是气郁，表现为情绪容易郁闷的，抑郁。说明此种人为气郁体质。

第九种体质是健康体质平和质，既不偏于阳也不偏于阴，身体达到一个很好的平衡状态，体质状态异常好。说明这个人是健康体质。

上述九种体质，我们不妨三言两语简单概括，亿万苍生，一龙九种，种种个别，人有九种，一种平和，八种偏颇，一种是平和的，另外八种——阳虚、阴虚、气虚、痰湿、湿热、血瘀、特禀、气郁，加起来一共是九种，一种平和八种偏颇。

三、体质综合评价

1. 身体形态发育水平是指：体型、体格、姿势、营养状况及身体组成成分等。

2. 生理生化功能水平是指：机体的新陈代谢功能及各系统、器官的工作效能。

3. 身体素质和运动能力水平是指：身体在运动中表现出来的速度、力量、耐力、柔韧性、灵敏性等素质及走、跑、跳、投、攀等身体运动能力。

4. 心理发展状态是指：本体感知能力、个体意志力、判断能力。

5. 适应能力是指：对疾病的抵抗力，对外界环境条件的抗寒、抗热能力等等。

影响体质强弱的因素是多方面的，它与遗传、环境、营养、体育锻炼等有着密切的关系。遗传只对体质的状况和发展提供了可能性或前提条件，体质的强弱则有赖于后天环境、营养、卫生和身体锻炼等因素。因此，有计划、有目的进行科学的锻炼，又是增强体质最积极有效的手段。

四、易"酸化"体质

健康人的血液是呈弱碱性的，但由于受到体外环境污染、不正常生活方式及不良饮食习惯的影响，也可使我们的体质逐渐转为酸性。

如果人体的体液偏酸性，细胞功能就会减弱，人体的新陈代谢就会减慢，废物不易排出，必然加重肾脏、肝脏的负担。那么，哪些人的身体容易"发酸"呢？

（1）熬夜一族

凌晨1时还不睡觉，人体得不到休息，代谢产生的毒素就会增多，使体质酸性化。经常熬夜的人患慢性疾病的几率比抽烟或酗酒的人还要高。所以，每天尽量在晚上12时以前睡觉，不要常熬夜，一星期以熬夜一次为限。熬夜时不要吃肉，尽量吃些蔬果及奶豆制品，这样可以减少体内酸性物质的产生，减轻疲劳，把熬夜的伤害减至最低。夜宵一族吃夜宵（晚上8时以后再进食）会让人第二天感觉疲倦，肝脏也会受损。因为睡觉时，人体各器官处于休息状态，食物容易停留在肠道里发酵、变酸，产生伤害身体的酸性物质。

（2）早餐"逃兵"

一日三餐中，早餐最重要，但许多人经常不吃早餐，整个上午空着肚子，完全靠消耗体内储存的能量物质供能，而"燃烧"自己的结果是体质变酸，长期如此将导致慢性病。

（3）"精食"一族

刻意选择很精细的食物而少吃粗粮，此类人的肠道老化得特别快，肝功能也差，而且常会便秘。因为精细食物缺乏纤维素，会导致肠道功能变差，甚至萎缩，体内的废物不能及时排出，使体质变酸，各种慢性病也就来了。

(4) 自主"减酸"，走向健康

自主"减酸"可以从改善饮食习惯入手，简单地说，就是通过多吃碱性食物、少吃酸性食物来纠正酸性内环境。海带可以说是碱性食物之王，多吃海带能很好地纠正酸性体质。酸性体质是大量摄入高脂肪、高蛋白、高热量食物的结果，那么纠正酸性体质就要尽量少吃这类食物。但要明确，酸性食物中也含有人体需要的营养素，不能一概不吃，最好的方法是与碱性食物搭配食用。

常见的碱性食物有：葡萄、茶叶、葡萄酒、海带、藻类、萝卜、大豆、草莓、柠檬、菠菜等。

菠菜

据统计，85%的痛风、高血压、癌症、高脂血症患者，都是酸性体质。因此，医学专家提出，人体酸性化是百病之源。

青少年体质特点

人的体质好坏，有先天的因素，但更主要的是后天的调理，体育锻炼就是增强体质、保持身体健康的不可缺少的后天因素。但是，并不是说所有的体育锻炼都是对身体有益的，要想取得良好的锻炼效果，还必须首先弄清楚人体在各个不同时期的发育特点，以便使体育锻炼符合科学的原则。

我国青少年时期身高、体重发育的特点是：男子12～14岁、女子10～12岁身体增长速度最快，通常被称为生长发育的"突增期"。在这个阶段，平均年增长6厘米多，多者每年可增长8～10厘米。男子19岁、女子17岁以后身体增长基本停止。体重的快速增长期稍迟，约比身高快速增长期迟一年，即男子13～15岁、女子11～13岁，平均每年可增加4～5千克。男20岁、女18岁后，体重发展趋于稳定。

我国18～25岁的青年，男子平均身高为170.3厘米，体重58.5千克；女子平均身高为159厘米，体重为51.5千克。从体形看，男青年较高大粗壮，女青年的盆骨比男青年宽，上身长（坐高与身高的比值大），女青年的体形有利于平衡性素质的发展。

骨骼发育特点：儿童、少年时期，由于软骨组织较多，骨组织内水分和有机物较多，无机盐较少，故富有弹性，韧性好，不易骨折，但坚固性差，容易变形，一般要到20～25岁骨化才基本完成。所以，骨骼在骨化完成之前，可塑性大，往往会因为姿势不正确或因劳动、运动安排不当，造成骨骼变形。适当的体育锻炼，可促进骨骼增长，使骨骼横径变粗，骨质密度增大，提高骨骼的坚固性和承受力。

据一些专家分析，促进人体生长，除了营养的因素外，体育锻炼是一个不可忽视的因素。辽宁省1973年对18932名中、小学生（其中包括参加业余体校训练的5711名）的调查表明：7岁时业余体校的男生，身高只比普通学生高0.6厘米，女生高2.7厘米，到17岁，业余体校的男女生分别比普通学生高5.3厘米和8.2厘米。

少年儿童时期，由于关节韧带软骨增厚，关节囊和韧带的伸展性大，因此柔韧性较成年人好。随着年龄的增长，骨化逐渐完成，身体的柔韧性也随之逐渐下降。如果一个人能够长期坚持体育锻炼，特别是柔韧性项目的练习，不仅可以推迟柔韧性下降，甚至还可以有所提高。

残废青年爱伦，因从小失去两臂，只得依靠双脚来代替手的活动。他不仅可以用双脚写字、绘图，而且还可以用来洗脸，这在一般人根本是不可想象的事情。爱伦以脚代手是因残被迫每天锻炼的结果。清晨，我们在公园等活动场所，经常可以见到一些年逾古稀的老人在弯腰、压腿，甚至劈叉。如果你是有心人，你会发现，这些老人几乎天天都在那里锻炼，从不间断。

少年儿童的肌肉占体重的百分比较成年人小，肌肉含水分较多，所以浮力较大，对于学习游泳是一个有利条件。随着年龄的增长，特别是身体在快速发育期，由于肌肉的增长落后于骨骼，为适应骨骼的生长，肌肉必然也要向长度发展，因此，肌肉纤维比较细长，肌力和耐力较差。快速发育期过后，骨骼与肌肉的增长日趋协调，肌肉纤维逐渐变粗，肌肉在身体中的比例逐渐增大。12岁的男孩，肌肉重量约占体重的30%，背肌力为50~60千克；而18岁的男青年则可增加到40%以上，背肌力可达到125~130千克；运动员的肌肉，可占体重的一半以上，背肌力达150千克。

青年期的各种身体素质，除了柔韧性素质以外，其它均比少年儿童期为佳（男子均比女子好）。男子19岁以后，各种身体素质（除柔韧性素质外）均随年龄的增长而逐渐提高，19~22岁达到最好水平，23岁以后开始缓慢下降。女子的各种身体素质（除柔韧性素质外），则在12岁开始随年龄的增长而逐渐提高，12~14岁期间，除力量素质达到最好水平的85%左右外，其他素质均接近最好水平。14~17岁阶段，由于女子性发育阶段生理和心理的变化，使体育锻炼的积极性受到一定影响，出现身体素质一度下降的情况。18岁以后，又有回升，19~23岁分别达到最好水平，此后又开始逐渐下降。

青年的各项身体素质中，速度和耐力发展较早。力量性素质（包括悬垂力、肌力和爆发力）发展较晚，但提高幅度大。如18~25岁的青年较七岁儿童的肌力和肌耐力可提高1~2倍，爆发力可提高80%以上。

女青年除平衡性和柔韧性比男青年好，其它素质均比男青年差。如：力量素质，女青年只有男青年的2/3；速度和耐力为4/5；弹跳力为3/4。

总之，青年人的形态发育、身体素质和机能的发展，在不同时期、不同性别之间均存在着明显的差异。因此，在安排体育锻炼的内容，采用的方式、方法，以及运动负荷量等方面，应该根据具体情况，区别对待，才能取得较好的效果。

国家学生体质健康标准

一、说明

（一）为贯彻落实健康第一的指导思想，切实加强学校体育工作，促进学生积极参加体育锻炼，养成良好的锻炼习惯，提高体质健康水平，特制定本标准。

（二）本标准是《国家体育锻炼标准》的有机组成部分，是《国家体育锻炼标准》在学校的具体实施，是国家对学生体质健康方面的基本要求，适用于全日制小学、初中、普通高中、中等职业学校和普通高等学校的在校学生。

（三）本标准从身体形态、身体机能、身体素质和运动能力等方面综合评定学生的体质健康水平，是促进学生体质健康发展、激励学生积极进行身体锻炼的教育手段，是学生体质健康的个体评价标准。

（四）本标准将测试对象划分为以下组别：小学一、二年级为一组，三、四年级为一组，五、六年级为一组，初、高中每年级各为一组，大学为一组。

小学一、二年级组和三、四年级组测试项目分为三类，身高、体重为必测项目，其他二类测试项目各选测一项。小学五、六年级组，初、高中各组，大学组测试项目均为五类，身高、体重、肺活量为必测项目，其他三类测试项目各选测一项。

选测项目每年由地（市）级教育行政部门、高等学校在测试前两个月确定并公布。选测项目原则上每年不得重复。

（五）学校每学年对学生进行一次本标准的测试，本标准的测试方法按《国家学生体质健康标准解读》（人民教育出版社出版）中的有关要求进行。

（六）本标准各评价指标的得分之和为本标准的最后得分，满分为100分。根据最后得分评定等级：90分及以上为优秀，75～89分为良好，60～74分为及格，59分及以下为不及格。学生体质健康标准成绩每学年评定一次，按评定等级记入《国家学生体质健康标准登记卡》（见附表1-5）。学生毕业时体质健康标准的成绩和等级，按毕业当年得分和其他学年平均得分各占50%之和进行评定。因病或残疾免予执行本标准的学生，填写《免予执行＜国家学生体质健康标准＞申请表》。

（七）本标准由教育部负责解释。

二、《国家学生体质健康标准》评价指标与分值

组别	评价指标（测试项目）	分值	备注
小学一、二年级	身高标准体重	20	必测
	坐位体前屈、投沙包	40	选测一项
	50米跑（25米×2往返跑）、立定跳远、跳绳、踢毽子	40	选测一项
小学三、四年级	身高标准体重	20	必测
	坐位体前屈、掷实心球、仰卧起坐	40	选测一项
	50米跑（25米×2往返跑）、立定跳远、跳绳	40	选测一项
小学五、六年级	身高标准体重	10	必测
	肺活量体重指数	20	必测
	400米跑（50米×8往返跑）、台阶试验	30	选测一项
	坐位体前屈、掷实心球、仰卧起坐、握力体重指数	20	选测一项
	50米跑（25米×2往返跑）、立定跳远、跳绳、篮球运球、足球颠球、排球垫球	20	选测一项
初中、高中、大学各年级	身高标准体重	10	必测
	肺活量体重指数	20	必测
	1000米跑（男）、800米跑（女）、台阶试验	30	选测一项
	坐位体前屈、掷实心球、仰卧起坐（女）、引体向上（男）、握力体重指数	20	选测一项
	50米跑、立定跳远、跳绳、篮球运球、足球运球、排球垫球	20	选测一项

注：身高标准体重测试项目为身高、体重，肺活量体重指数测试项目为肺活量，握力体重指数测试项目为握力。

《国家学生体质健康标准》实施办法

一、《国家学生体质健康标准》（以下简称《标准》）的实施工作在教育部、国家体育总局的领导下，由各级教育行政部门管理，体育行政部门指导，学校组织实施。

二、《标准》的组织实施工作在校长领导下，由学校体育教研部门、教务部门、校医院（医务室）、学工部门、辅导员（班主任）协同配合共同组织实施。《标准》的测试应与学生的健康体检有机结合，避免重复测试。学生的《标准》测试成绩按评定等级记入《国家学生体质健康标准登记卡》，小学列入学生成长记录或学生素质报告书，初中以上学校列入学生档案（含电子档案），作为学生毕业、升学的重要依据。对达到及格以上成绩的学生颁发证章。《标准》的实施工作记入教师的教学工作量。

三、学生《标准》测试成绩达到良好及以上者，方可参加三好学生、奖学金评选；成绩达到优秀者，方可获体育奖学分，《标准》成绩不及格者，在本学年度准予补测一次，补测仍不及格，则学年《标准》成绩为不及格。普通高中、中等职业学校和普通高等学校学生毕业时，《标准》测试的成绩达不到50分者按肄业处理。

四、因病或残疾学生，可向学校提交免予执行《标准》的申请，经医疗单位证明，体育教学部门核准后，可免予执行《标准》，并填写《免予执行＜国家学生体质健康标准＞申请表》，存入学生档案。对确实丧失运动能力、免予执行《标准》的残疾学生，仍可参加三好学生、奖学金、奖学分评选，毕业时《标准》成绩可记为满分，但不评定等级。

五、认真上好体育课、积极参加体育活动、每天锻炼时间达到一小时者，奖励5分，计入学年《标准》总成绩。

六、属下列情况之一者，其《标准》成绩记为不及格，该学年《标准》成绩最高记为59分：

1. 评价指标中400米（50米×8往返跑）、1000米跑（男）、800米跑（女）、台阶试验的得分达不到及格者；

2. 体育课无故缺勤，一学年累计超过应出勤次数 1/10 者。

七、各地、各学校在实施《标准》时要树立"安全第一"的指导思想，健全各项安全保障制度，落实安全责任制，加强对场地、器材、设备的安全检查。要认真做好学生的体检工作，对生病学生实行缓测或免测。

八、全国各级各类学校每年均直接将本校各年级《标准》测试数据，通过中国学生体质健康网（网址中文域名：中国学生体质健康网，英文域名：www.csh.edu.cn），报送至教育部"国家学生体质健康标准数据管理系统"，上报数据的时间为每年 9 月 1 日至 12 月 31 日，上报测试数据的工具软件，由学校在中国学生体质健康网上免费下载使用。

九、高职、高专类学校参照有关要求执行。

十、教育部每年公布各省、自治区、直辖市实施《标准》的基本情况；每学年对教育部直属高校本科新生《标准》测试结果，按生源所在地进行统计，并以省、自治区、直辖市为单位进行公布。

十一、各地教育、体育行政部门对本地各级各类学校实施《标准》的情况，要认真检查监督。要将《标准》的实施情况纳入各级政府教育督导内容和评估指标体系，并作为对各级各类学校进行评优、表彰的基本依据。对弄虚作假、徇私舞弊者，给予通报批评，情节严重者，给予行政处分。

十二、为保证《标准》测试数据的科学性、准确性，各地、各学校招标、选用的《标准》测试器材必须是经国家认证认可监督管理委员会批准的相关认证机构认证合格的产品。

十三、本办法由教育部负责解释。

身体素质

1961 年春天，26 届世界乒乓球锦标赛在北京举行。在这次锦标赛上，我国有一个表现非常突出的削球手，他的削球技术震动了整个世界乒坛。4 月 13 日那天，他竟在一天之内参加了 7 场比赛，连续苦战了 14.5 小时，挫败了许多世界名手，为中国队夺得男子单打冠军扫清了道路。他为什么有如此惊人的耐力，在连续奋战的14.5小时中始终保持旺盛的精力呢？顽强的斗志固然是不可少的，但同时也由于他有良好的身体素质。他，就是工人出身的运动员张燮林。

良好的身体素质，不仅对运动员很重要，对一般人也同样重要，因为身体素质的好坏是衡量一个人体质强弱的重要标志。

身体素质经常潜在地表现在人们的生活和工作中。有的人，精力非常旺盛，无论做什么事都好像有使不完的劲；有的人，却经常疲倦不堪，做起事来，总是有一种力不从心的感觉。有的人，看上去很瘦弱，实际上却有很强的承受力；有的人，看上去身魁体壮，实际上却外强中干。这些，虽然都是身体强弱的表现，但从另一方面讲，它又反映出了人

张燮林

体素质的好坏。人体的一切活动都是在大脑皮质支配下的肌肉活动。所谓身体素质，就是指人体肌肉活动的基本能力。一个人身体素质的好坏虽与遗传有关，但与后天的营养和体育锻炼的关系更为密切。一般人的身体素质就其先天成分来说，并没有多大的差异，而后天的营养如何、是否锻炼却可以使某些人的身体素质出现天壤之别。心理学认为广义地说，天赋、天资、天分、素质都是一个意思。从遗传的角度讲，素质具有相对的稳定性；从生理的角度讲，素质又具有可变性。有位学者曾用动物做过一个有趣的实验：他将两只鹦鹉分别喂养，并对其中的一只进行训练，结果发现，经过训练的一只鹦鹉的大脑皱褶要比没经过训练的另一只多得多。这一试验，给人们提供了素质具有可变性的根据。那么，人体的素质是否也可以通过训练得到改善呢？研究证明：当人们进入青年期以后，身体素质的自

然增长速度将减慢,一般男女19岁后基本趋于稳定。但由于身体素质存在着可塑性和不稳定性,即便自然增长基本停止,通过加强体育锻炼,其素质水平仍可以有所提高。如若较长时间减少或停止了体育锻炼,素质水平还会逐步下降。

身体素质主要表现在哪些方面?怎样来提高身体素质呢?下面从5个方面来谈谈。

一、力量素质

力量素质是通过肌肉收缩抵抗阻力所表现出来的能力。力量素质是人体运动的基础,又是各项身体素质中最重要、对人体运动影响面最广的素质。

如何提高力量素质,这要根据每个人的具体情况和需要来确定。如果你需要提高弹跳能力,可采用反复蹲起、跳台阶、跳高、跳远、跳绳、快跑、滑冰、爬山等项运动来练习;要提高臂肌力,可练习举重物、爬绳(竿)、爬树、引体向上、俯卧撑、拉力器、双杠臂屈伸等;要提高投掷力,可练习投掷铅球、实心球、标枪、铁饼、手榴弹、手球、垒球等;要练腹肌力,可练习仰卧起坐、悬垂、收腹举腿等;要提高腰肌力,可练习俯卧上体抬起,站立负重体前屈、后起身等。

爬山

二、速度素质

速度素质是指人体进行快速运动的能力。其表现形式分为反应速度和动作速度两种。反应速度一般指人体遇到突然的情况变化或刺激后反应的快慢。动作速度是指人体完成单个动作或一套动作所用时间的长短。

要想提高自己的反应能力，就要多参加对抗性的体育活动，如球类、击剑、拳击等。要想改善自己的动作速度，可进行短跑、变速跑、跑台阶等练习。在训练的过程中，要特别注意锻炼下肢肌肉的后蹬力和爆发力。

三、灵敏性素质

灵敏性是人体表现出来的一种较复杂的素质，它既与神经的灵敏性反应有关，又与力量、速度、协调性等素质有密切关系。因此，也可以说它是一项综合性素质。

篮球对决

击剑

在对抗性运动中，灵敏性素质是非常重要的。如球类活动、击剑、摔跤、武术等，都要求人们用很高的灵敏性来发现和处理突然出现的各种情况，并能够非常迅速而果断地采取应付措施。这种快速发现问题、随机应变的能力，就是灵敏性。

提高人体灵敏性素质的方法，可采用躲闪或追逐游戏，根据不同信号变换动作的游戏，以及变速跑、障碍跑、迷途跑、穿梭跑和各项球类活动。

四、耐力素质

耐力素质是指人体长时间进行肌肉活动的能力。它不但与肌肉耐力有关，而且与心肺功能关系密切。因此，在提高耐力素质、发展肌肉耐力的同时，还要重视心肺功能的锻炼。

提高耐力素质的方法，应以轻重量、多重复的练习为主，如连续蹲跳、长跑、爬山、越野跑、长距离滑冰、滑雪、游泳等。每次练习的时间应在15分钟以上。

滑雪

五、柔韧性素质

柔韧性是指关节的活动幅度。良好的柔韧性可使人体动作灵活和不易受伤。如体操、跳水、跳高、跨栏、舞蹈和杂技等，都要求有很好的柔韧性；篮球、排球、网球等运动也需要有较好的柔韧性。

发展柔韧性和肌肉弹性通常采用爆发式拉长（急骤性拉长）和慢张力拉长（静力性拉长）两种方法。采用急剧的摆腿、踢腿、摆臂等活动，都属于爆发式拉长练习；通过压腿、弯腰、劈叉等慢慢拉长韧带的活动，属于慢张力拉长练习。

身体素质虽然看不见、摸不着，但是通过科学的锻炼之后，你就会感觉到它的存在。

刘翔跨栏

如何判定体质是否健康

一、人体健康的标志是什么？根据国内外有关研究机构和专家的论述，综合起来有如下几条：

1. 精力充沛，能从容不迫地应付日常生活和工作的压力而不感到疲劳紧张。
2. 心胸开阔，处事乐观，态度积极，乐于承担责任。
3. 身体各部分发育正常，功能良好，各主要脏器没有疾病。
4. 应变能力强，能适应外界环境的各种变化。

5. 能抵抗一般性感冒和传染病。

6. 眼睛明亮，反应敏锐。

二、《学生体质健康标准》要求中学生测试哪些项目？为什么要选择这些测试项目？

根据《学生体质健康标准》的要求，中学生需要完成6项测试，分别是身高，体重，肺活量，台阶试验或耐力跑，50米跑或立定跳远，握力或仰卧起坐（女生）或坐位体前屈。

根据我国国情，在充分考虑测试内容的科学性、全面性和可操作性的前提下，《学生体质健康标准》中所选择的测试项目，突出了发展和改善身体健康素质的内容要素，旨在促进对学生健康有直接影响且关系密切的身体成分、心血管系统的功能、肌肉的力量和耐力以及柔韧性的改善、发展与提高。

三、为什么要设立选测项目？

选测项目的设立旨在引导学生全面地锻炼身体；减轻学生、教师和学校测试工作的负担；强调全面锻炼身体的过程；实现教学内容和测试项目分开，克服考什么学什么、测什么练什么的应试教育弊端，保证体育与健康课教学活动的正常进行。

达测项目由各地（市）级教育行政部门在测试前随机确定。

四、身高标准体重有何意义？

身高标准体重是指身高与体重两者的比例应在正常的范围。它通过身高与体重一定的比例关系，反映人体的围度、宽度和厚度以及人体的密度。是评价人体形态发育水平和营养状况及身体匀称度的重要指标。人的体形肥胖、健壮或瘦弱，都是针对身高与体重的比例是否协调与适中而言。经常检测身高标准体重，对于掌握自己的体重是否适宜，是否需要调整饮食，评定运动量的大小和生理机能的变化等，都有重要的意义。

身高标准体重测量方法简便易行，它可间接反映人体的身体成分。如果你所测得的身高标准体重数值小于或大于同年龄段的身高标准体重的范围，就说明你身体的匀称度欠佳，需要通过调整饮食结构或积极参加体育运动来增加肌肉组织或减少体内多余的脂肪。

五、台阶试验指数是高好还是低好？

台阶试验指数是反映人体心血管系统机能状况的重要指数。台阶试验指数值越大，则反映你心血管系统的机能水平越高；反之亦然。经常参加有氧代谢运动，可提高你心血管系统的机能水平，其表现为在完成台阶试验定量负荷工作时脉搏搏动次数下降；在试验结束后脉搏的搏动次数恢复到安静状态下的次数所用的时间缩短；台阶试验指数增高。

六、为什么要进行耐力跑测试？

耐力跑是国内外评价心血管系统机能水平最简便的方法之一。心血管机能水平高的人在跑相同距离时所用的时间相对要少。因此，如果你的心血管系统机能较强，就能在耐力测试中取得好成绩。假如你用了100%的"力量"还不能取得理想成绩，说明你心血管系统的机能欠佳，有相当大的发展空间，通过循序渐进的有氧耐力锻炼、科学地控制饮食和降低体重就可以得到改善和提高。

七、为什么采用肺活量体重指数进行评价？肺活量是评价人体呼吸系统机能状况的一个重要指标。科学家指出：肺活量低的人难以与肺活量高的人一样同享高寿。由于肺活量的大小，与体重、身高、胸围等因素有着密切的关系。因此，为了将学生身体发育的不同步因素在肺脏机能的评价中得以体现，所以选用了肺活量体重指数。

八、50米跑测试有何意义？

虽然50米跑动作结构简单，但它可反映你神经过程的灵活性、身体的协调性、关节和肌肉的柔韧性以及肌肉的力量和耐力。我们不能指望一个身体不灵活、肌肉无力、协调性和柔韧性很差的人可以在50米跑的测试中取得好成绩。因此，50米跑的测试成绩可部分地反映你身体运动的综合素质，它也是你从事体育活动，学习运动技能所必须具备的身体基本素质。中学阶段是发展速度素质的大好时机，你应该抓住这一时机促进速度素质的发展，为终身体育打下良好的基础。

九、握力体重指数的含义是什么？

握力主要反映了你前臂和手部肌肉的力量，同时也与其他肌群的力量有关，而且还是反映肌肉总体力量的一个很好的指标。握力体重指数反映的是你肌肉的相对力量，即每公斤体重的握力。

十、仰卧起坐的测试目的是什么？

仰卧起坐测试是评价肌肉力量和耐力的方法之一，由于它能比较安全的测试肌肉的力量和耐力，所以受到广泛的欢迎和应用。在做仰卧起坐时，主要是腹肌在起作用，髋部肌肉也参与了工作，因此这种测试既评价了你腹肌的耐力，也反映了你髋部肌肉的耐力。由于女生这两部分肌肉的力量和耐力与其某些生理功能有密切的联系，因此将仰卧起坐单独列为女生的一个选测项目。

十一、立定跳远是测量腿部肌肉的力量吗？

立足跳远主要是测量你向前跳跃时下肢肌肉的爆发力。力量（最大力量）在体育运动和日常生活中都是非常重要的身体素质。不仅参加体育比赛需要力量，而且在日常生活中，如在搬运重物时也需要力量，此外骑自行车、爬山、远足等休闲活动都需要腿部力量。腿部的爆发力是以腿部的力量为基础，没有力量就谈不上爆发力，也谈不上肌肉的耐力。

十二、坐位体前屈测试与健康有关吗？

坐位体前屈测试反映的是关节和肌肉的柔韧性。柔韧性差意味着相应的关节和肌肉缺乏运动。长时间缺乏发展柔韧性的练习，可导致关节或关节周围软组织发生变性、挛缩，甚至粘连，因而限制了关节的运动幅度，牵拉时必然产生疼痛，所以扩大关节运动的幅度即扩大了人体活动的无痛范围。身体柔韧性差会影响体育活动、学习、工作。甚至会影响人们的健康与生活质量，所以柔韧性是身体健康素质的要素之一，必须引起高度重视。

身体素质测评

一、测试项目与测试方法：

1. 一分钟仰卧起坐（腰、腹肌力）

测试方法：

受试者全身仰卧于垫上，两腿并拢伸直，两臂平放于大腿之上。此外，还需有人协助，压住受试者两脚踝关节处。起坐时，以手触及压脚人的手为成功一次（但手、肘不得撑垫，拉裤腿，或借助于两臂摆动的力量）。仰卧时，两肩胛骨必须触垫。计算一分钟做的次数。

仰卧起坐

2. 60米跑（速度）

测试方法：

站立式起跑，用秒表记录跑完全程的时间，以秒为单位取一位小数。

3. 屈臂悬垂（静止悬垂耐力）

测试方法：

受试者两臂全屈，反握单杠，两手与肩等宽，使横杠位于下颌之下，身体静止悬垂，下颌不得挂在横杠上。计算时间从引体向上开始，至头顶低于横杠时止。记录时间以秒为单位。

屈臂悬垂

4. 立定跳远（弹跳力）

测试方法：

受试者两脚自然并立，站在起跳线后，原地尽力向前跳，连续跳2次。以厘米为单位，记录两次中跳得最远的一次。

立定跳远

5. 400米（50米×8）往返跑（耐力）

场地和测试方法：

选择50米距离的一段跑道，在跑道两端内侧50厘米处各插一根标杆（杆高1.2米以上），受试者用站立式起跑，绕杆跑4个来回。以秒为单位记录跑完全程的时间，取一位小数。

往返跑

二、单项评价和综合评价：

身体素质的评价，分为单项评价和综合评价2种。

1. 单项评价：

就是利用已知成绩对照单项评价标准表，查出自己单项身体素质应属的评价等级的方法。

2. 综合评价：

就是将几种素质测试指标综合起来进行评价，以此来反映一个人身体素质全面发展的水平。

综合评价的方法是：受试者必须测完以上5个项目，先查出各项指标的成绩所属的级别，然后按优5分，良4分，中3分，中下2分，差1分的计分方法，将各项指标所得分数相加，计算出总分。一个人总分在19分以上为优秀，16~18分为良好；11~15分为中等；8~10分为中下等，7分以下为差。

例如：一个男青年测试结果是：仰卧起坐36次，60米跑8.9秒，屈臂悬垂64秒，立定跳远177厘米，400米跑95.3秒，求该青年的综合评价等级。

查身体素质单项评价表相应栏得知：

该青年：仰卧起坐为中下等　2分

　　　　60米跑为中等　3分

　　　　屈臂悬垂为中等　3分

　　　　立定跳远为差　1分

　　　　400米跑为中下等　2分

　　　　总分　11分

根据上面提出的评分标准可知，该青年的身体素质综合评价为中等水平。

体育锻炼增强身体素质

自古道："人生七十古来稀"，可是生活在隋唐时的孙思邈却活了101岁。是不是他天生体质就好呢？不是。他家境贫寒，衣食不周，自幼体弱多病，经常深陷在疾病的痛苦折磨中。因此，他立志学医，要解除他人的痛苦。他博览群书，却常常体力不支。从切身的体验中他认识到，没有强健的身体，就很难做出成就来。特别是他的好友卢照邻因不堪疾病的折磨终于投水自尽的事，使他进一步认识到锻炼身体的重要性。这件事，还使他悟出了"预防为主"的道理。从那时起，他数十年如一日地坚持健身运动，不论刮风下雨，从不间断。公元69年，他已经90多岁，仍耳不聋、眼不花，筋骨强壮，记忆力很好。魏徵请他协助编修齐、梁、周、隋史，他全凭口述，把前代的社会变动和风土人情一一详述出来。魏徵大为震惊，当即拜他为师。试想，孙思邈如果没有健康的身体，能有这样好的记忆力吗？

我们从孙思邈的体育实践中至少可以体会到这样两点：第一，从年轻时开始锻炼；第二，始终如一，活到老、炼到老。这正是健康长寿的主要秘诀。

象孙思邈这样的例子，我们现实生活中所在多有，如陕西省延安城东北青化砭有一位140多岁的老人，名叫吴云清，他从17岁开始练武术、气功，至今不断。广西巴马县有个长寿之乡，光百岁老人就有近10人……

从他们身上我们可以找到一个共同点，那就是从年轻时就注意锻炼身体。

身体锻炼好比储蓄，储蓄得越多，得到的利息就越多。人的生命正是

孙思邈

在运动中向前延伸的。所以恩格斯说："生命的存在首先在于运动。"事实证明，运动是人体抗衰老的"灵丹妙药"。有人曾对野生动物和家养动物的寿命做了比较，发现野生动物比家养动物的寿命长。如野猪比家猪寿命长1倍；大象在野外可活到200岁，而动物园中人工饲养的象还活不到80岁。其原因就在于野生动物由于环境所迫，必须到处奔走，寻找食物和躲避敌害，因此，野生动物的运动量大大超过了家养动物，由此证明运动是抗衰老和长寿的有效方法。

科学工作者通过对人体的研究，更加证明了这一点。他们找来了一些身体完全健康的20~30岁的男子，分成两组，其中一组要求卧床20个昼夜，不准起、坐、站立和做床上运动；另一组也要求卧床，但一昼夜须在专门的器械上锻炼4次。当试验进入到三五天后，第一组的人全部感到背部肌肉酸痛，食欲不振、便秘等。20天结束时，第一组的人一起床就感到头昏目眩，肌肉极度衰弱，脉搏加快，心脏功能下降20%左右，体内组织缺氧；第二组因天天坚持锻炼，身体功能没有出现什么变化。动与静的这种利害关系，在古代就有人指出："最易于衰弱，最易于损害一个人的莫过于长期不从事体力活动。"

但是，身体锻炼却不是一朝一夕、一劳永逸的事情，必须持之以恒，才能使身体永远保持健康。德国心脏学家赖因特尔曾做过这样一个实验，让老鼠接受50天的运动训练，发现老鼠的心室重量约增加了1/4，而中断活动40天后，心室重量就完全减退到原来水平。国外学者曾报告一名马拉松运动员训练时心脏容积达1100毫升，而中止运动5年内追踪观察发现，他的心脏容积逐年减少，5年后共减少300毫升，与普通人近似。

通过研究表明，人到25岁以后，如若停止或减少运动，身体的新陈代谢能力将以每十年递减7%～8%的速度逐渐下降。消耗不了的多余脂肪将积存于体内，三四十岁就开始发胖，不少疾病往往也随之而来，由此还容易出现早衰等现象。

长期坚持体育锻炼，特别是从青少年期开始，对保持或延缓肌肉、神经系统功能的衰退，防止动脉硬化，增强心血管功能有明显的效果。不少老科学家、老知识分子、革命老前辈都为自己至今仍能保持旺盛的工作能力而感到自豪，他们深有体会地说："青年时期的锻炼比黄金还宝贵。"

踢毽子

诚然，要保持身体健康，延长寿命，除了锻炼之外，还有许多其他的因素，如饮食卫生、生活习惯、精神面貌、自然环境，等等。但是在诸因素中，最重要的是体育锻炼。因此，从一个人保持锻炼的情况，可以大体预示他未来的健康状况。从这个意义说来，"健康长寿"不仅是一个具有诱惑力的字眼，而且是一个能够实现的预言。

生命在于运动

"生命在于运动"——体育哲学运动观和生命观的重要命题。这是18世纪法国哲学家伏尔泰提出的著名论断。生命运动是高级的物质运动形式。蛋白体是生命运动的物质基础，生命运动是蛋白体的固有属性和存在方式。生命在于运动的内涵是：生命的产生在于运动，运动的前提条件是生命诞生，离开物质运动就不会有生命的产生；生命的存在在于运动，生命存在的基础运动也是，要维持生命体存在，也离不开物质运动；生命的发展在于运动，运动又是生命发展的动力和源泉。其外延是：生命运动不仅包括植物、动物、微生物运动，更包括人类生命体运动；对人体生命来说，不仅指机械运动，还包括物理运动、化学运动、社会运动和思维运动；不仅包括宏观的躯体运动，还包括微观的细胞运动、分子运动等诸多运动形式。

1936年，鲁迅逝世前，美国一位肺病专家为他检查身体时，十分惊讶地说：患了这么严重的肺病，竟能坚持活到现在！要是欧洲人，早在5年前就去世了！

艰苦的生活、战斗似的劳累的工作和严重的肺病夺去了鲁迅的生命。可是，直到他逝世前一天仍在参加社会活动。这种"耐力"，用他自己的话来说，是在于他的身体"底子好"。

鲁迅在青少年时就非常注意锻炼身体，他曾刻了三枚图章：戎马书生、嘎剑生、文章误我（指八股文），意在自勉：成为一个能文能武，对国家有用的人才。他抱着强国御侮的理想，一边发愤读书，一边利用课余时间锻炼身体，练习马术。他在日本留学时，为了学习柔道，还毅然剪去了拖在脑后的辫子。这就为他以后长期在白色恐怖和恶劣的生活条件下夜以继日地工作，创造了身体条件。

我们的许多革命前辈都是从青少年时起就非常注意锻炼身体的，周总理超人的精力，同他青年时期的身体锻炼是分不开的。

青年期是人体发育过程中的重要阶段。在这个时期里，人体的骨骼、肌肉、各循环系统和神经系统等组织器官由发育不完善到完善，由不定型到定型。

青年期是人生旅途中的重要时期，人们不仅在生活中追求着闪光的美，而且在形体上追求着健康的美。怎样才能获得健康的美呢？办法只有一个——锻炼。

周总理

"健康的人未察觉自己的健康，只有病人才懂得健康。"英国作家卡莱尔的这句话警策了后来人：平日就要重视并坚持锻炼，不要等到疾病来袭时才考虑健康问题。今天，人们已经普遍认识到了这个道理。我们欣喜地看到每天清晨或工间休息时，自觉坚持锻炼，积极参加体育活动的人愈来愈多了。但是，值得注意的是就我国目前的情况来看，大多数青年还没有把体育锻炼作为自己生活中的一个必不可少的组成部分。这种情况很像十年前的美国。那时，在美国，体育锻炼还没有引起人们的普遍重视，积极参加锻炼、寻求有益于健康的食品的人，常常被人嘲笑为"追求健康的傻子"。为了改变这种状况，美国政府和医生大声疾呼，告诫人们："你们的健康取决于你们自己，你们能为自己做的事，要比医生或昂贵的医疗技术设备多得多。"随着时间的推移，不少人从自身和他人身上看到了体育锻炼的重要性，愈来愈多的人纷纷加入到锻炼的行列中去。到目前，全国人口2亿多的美国已有1亿多人利用各种不同的方式从事体育锻炼，最流行的方式就是慢跑。

在我国，近几年参加锻炼的中、老年人迅速增加，但是青年人中相当大部分没有投入到体育锻炼中去。试分析，大致有以下几种原因：

一、"不在乎"。认为自己年轻，没有什么病，吃得下，睡得着，有足够的精力应付工作和学习，用不着锻炼。这种想法很普遍，是非常错误的，来源于对人体健康缺乏科学的认识。一个人的身体由好到坏，从"满健康"到"出毛病"是渐变的过程。人体各组织器官的功能有一个"用进废退"的变化规律。如果等有了病才引起注意，就被动了，甚至补救也来不及了。近些年高考中，有不少青年品学兼优，仅仅由于身体不合格而失去了进一步深造的机会；有的已经进入大学，又因身体有病，无法坚持学习而不得不中途退学；还有的因为身体不好，毕业时不能分配工作。这难道不是一件极大的憾事么？青年时期不能仅仅满足于暂时不生病，满足于那种低水平的健康，要从长远考虑，因为四个现代化需要每一个青年都有强健的体魄。

二、"不好意思"。这种心理多出现在女青年和比较腼腆的男青年中。当他们穿上一身运动服，迈出家门，准备去尝试一下体育锻炼的滋味时，总觉得周围的人都在盯着自己，总怕别人笑话和议论自己，于是便犹豫止步了。这实在是一种多余的顾虑。如俗话说的：天下本无事，庸人自扰之。体育锻炼并非坏事，于己、于家、于国三有利，有什么"可笑"，怕什么"议论"！人要干成一件事总得有一点"主见"。你不妨这样去试一试，走进公园，来到河边、湖旁或林荫道上，加入早锻炼的人们的队伍，活动活动自己的四肢，看看别人是怎样进行锻炼的，还可以找人谈一谈，了解他们坚持锻炼的体会。这样，时间稍长，你那道"心理障碍"就会不攻自破了。如果，在你住地周围没有这样的条件，你可以约几个同龄伙伴，一起锻炼，这也是克服"心理障碍"的有效办法。等到你尝到了锻炼的甜头，你就可以选择适合自己身体条件与需要的锻炼项目，并能持之以恒地坚持下去了。

三、"怕苦，怕累，怕脏"。刚一开始锻炼，必然会出现肌肉或关节酸痛的现象，意志薄弱者就觉得，锻炼是个苦差事，何必要自讨苦吃呢。其实，只要你能坚持下去，保持适度、渐进的运动量，这种现象很快就会消失。还有的人认为，一运动就出一身臭汗，两天不换衣服就馊了，真脏！"锻炼不出汗，等于没锻炼。"要知道正是由于出汗，才帮助你将体内的废物排泄到体外，增强了你的体质和抵抗力。当然，如果你能准备一套运动服就更好了，锻炼时穿上，锻炼完，再换上平时穿的衣服。怕苦怕脏，是锻炼的绊脚石，要想坚持锻炼，就必须搬掉它。

四、"我们还有必要锻炼吗"？持这种想法的多数是从事体力劳动的青年。他们认为，整天进行体力劳动，强度甚至超过了体育运动，没有必要再参加体育锻炼了。不错，体力劳动确实有增强体质的作用，但是，体力劳动者在生产劳动中，其动作的复杂程度很有限，肌肉经常是长时间的保持着一个固定的姿势，或者长时间的重复着一种单一动作，天长日久，就有可能引起某些部位的肌肉劳损等职业病。如翻砂、造型工人容易得腰酸背疼、关节劳损。因此，即使是体力劳动者，也应适当地参加一些体育活动，这对于促进身体均衡发展、预防某些职业性疾病有着积极的作用。

五、"身体有病还能参加体育锻炼吗"？有的人认为，身体健康的人锻炼还可以，自己体弱多病，练不好反而把身体练坏了，因而不敢参加锻炼。的确，体弱多病的人参加体育锻炼一定要谨慎。因为确有一些病、患者在一定时间内不宜参加体育活动，或只能在医生指导下进行适当的医疗体育锻炼。不过大部分体弱或病情较轻的人参加一些适当的体育活动是有益于恢复健康的。这要根据个人具体情况、条件和医生的意见科学地安排，既不必畏怯，也不要蛮干。

近年来，国内外大量的实践证明，体育锻炼不仅能增强体质，而且还是一种很重要的医疗手段，它往往能起到药物所起不到的作用。法国的著名医生蒂索早就说过："运动的作用可以代替药物，但所有的药物都不能代替运动。"他给病人开的药方，往往是劝导病人去参加某种体育活动。广西某中学的一位教师患气管炎病，多年医治无效，无法上课，后来他试探性地采用慢跑进行锻炼，经过六个月就初见成效，两年后竟完全恢复了健康。目前，我国已有不少疗养院，采用医疗与体育锻炼相结合的治疗方法，效果明显，有很多病人较快地恢复了健康，重返工作、学习岗位。

此外，还有人怕因为锻炼使饭量增加，身体会发胖，其实这种担心是没有必要的。发胖的主要原因是平时的饮食摄入量过多，而由于活动少消耗量又太少，使多余的能量变成脂肪积储在体内。体育锻炼不是正好可以帮助你消耗掉这一部分多余的能量么！

愿青年朋友们牢记：生命在于运动，人人需要锻炼。

体育锻炼与人体功能

从医学和生理学的角度来看，人体的健康状况和工作效率，取决于全身各器官、系统的功能和相互协调，取决于整个身体对外界环境的适应能力。前苏联生理学家巴甫洛夫通过对狗的观察与研究后指出：机体内各种器官活动的协调和机体与外界环境之间的统一，主要是通过神经系统的活动来实现的。神经系统的基本活动方式是反射，就是身体内外所受到的刺激先通过相应的感受器官，沿着体内传入神经而引起中枢神经系统的兴奋；然后再通过传出神经引起一定效应器官的活动。巴甫洛夫进而又把反射分为两大类：第一类叫做非条件反射，是生来就有的，如手碰到太烫的东西会立即缩回，嘴里吃东西，唾液会自然分泌出来，等等；第二类叫做条件反射，它是在生活经验和运动实践中逐渐积累而建立起来的一种反射，如我们学会各种各样的动作技巧、文化知识，以及养成一定的生活习惯，等等。

体育运动对心、肺、肌肉、骨骼等器官的影响也都是通过大脑的作用，也就是在机体机能与内外环境的统一性的基础上形成的。体育运动对人体的影响是多方面的，一般可分为两个部分：第一部分是身体在运动时的即刻变化，即所谓体育运动对机体的"急性影响"；第二部分是经常参加体育锻炼以后所发生的变化，即所谓"慢性影响"。在长期的"慢性影响"下，通常都能出现"良好的运动状态"，表现在使神经、心、肺、内分泌、肌肉、骨骼等各器官系统的功能得到加强。

整个人体就好像是一部持续运转的机器，它也有主体部分——肌肉与骨骼系统；控制部分——神经系统；主机部分——循环系统等。下面分别谈一下这些系统在人体中的作用以及使它们获得锻炼的意义。

一、神经系统的功能与锻炼

人体的一切活动都是在神经系统的调节和支配下进行的。神经系统功能的强弱，对一个人的运动能力具有非常重要的影响。这种影响特别表现在协调性、灵敏性较强的直接对抗运动项目中。例如：棋类运动，不仅要求一个人具有一定的概率、逻辑和心理等学科的知识，而且要求头脑反应敏锐，善于思考，球类运动，不仅要求一个人掌握熟练的技巧，而且要求具有"手疾眼快"的反应能力，"眼观六路，耳听八方"的清醒头脑和机智而灵活的战术意识；诸如此类的运动项目还有武术、摔跤、击剑等。这些项目运动的水平不仅取决于身体素质和运动技术的好坏，而且与神经系统的功能有极为密切的关系。

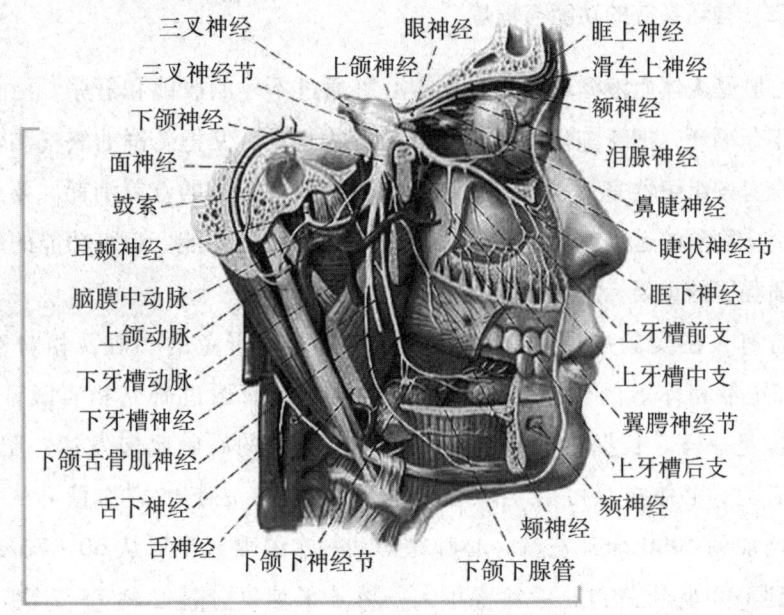

神经系统

运动离不开神经系统，反过来，运动又能改善神经系统的功能。这是因为：体育运动能提高人体新陈代谢能力，从而改善大脑的营养状况；体育运动使人体的肌肉和内脏器官的活动要比安静时复杂、繁重得多，负责指挥运动的神经系统，就必须对运动中所出现的各种变化莫测的复杂情况及时作出协调反应,从而大大增加了神经系统的工作量,相应地对神经系统起到锻炼作用。经常参加体育锻炼,能够使大脑神经细胞的工作能力提高,反应灵活迅速,准确性高,协调性好,持久力强,不易疲劳。如人体感受外界的刺激信号,到传入大脑皮质并且做出反应的时间,一般人需要0.3~0.5秒,而经常锻炼的人,只需0.12~0.15秒。

在体育锻炼中,可以根据个人神经功能的具体情况有所侧重。如有的青年平时动作较慢,反应不够灵敏,干起工作来笨手笨脚,这样的人可以多进行一些有关灵敏性和速度反应的训练。

体育锻炼是改善神经系统功能的好方法,据了解,体育活动对神经衰弱和脑神经功能下降等症状,都有较好的辅助治疗作用。

二、循环系统的功能与锻炼

心脏是人体血液循环的动力站。心脏通过不停的收缩和舒张,使全身血液不断循环,把新陈代谢产生出来的废物送走,又把新鲜的氧气和营养送到全身各组织器官,用以补充各组织器官肌肉活动的营养消耗。要想使身体适应剧烈的运动和劳动,就得努力增强心脏的功能。心脏功能的好坏是体质强弱的重要标志之一。

曾有人在实验中发现,常年在野外奔跑的野兔的心脏,相对重量(心脏重量和体重的比例)是家兔心脏的3倍。通过研究和实践证明,人类也是一样。长期参加体育锻炼,可以使人的心脏肌肉发达、肥厚、收缩有力,心脏重量可由6两增加到1斤左右;心脏的容血量可从765毫升增加到1000毫升左右,心脏每搏动一次的喷血量可从60~70毫升增加到100毫升左右。正常青年人,男子平均每分钟心跳75.2次,女子为77.5次;心脏功能差的每分钟心跳可达100次左右。经常参加体育锻炼的人,心跳不仅有力,而且减缓,延长了心脏搏动的间歇时间,使心脏得到较多的休息,从而增加了心脏功能的潜力。心脏功能的提高,可以使人体胜任剧烈的体育运动和繁重的体力劳动。

提高心脏功能的锻炼方法,可尽量采用耐力性的运动项目,如越野跑、

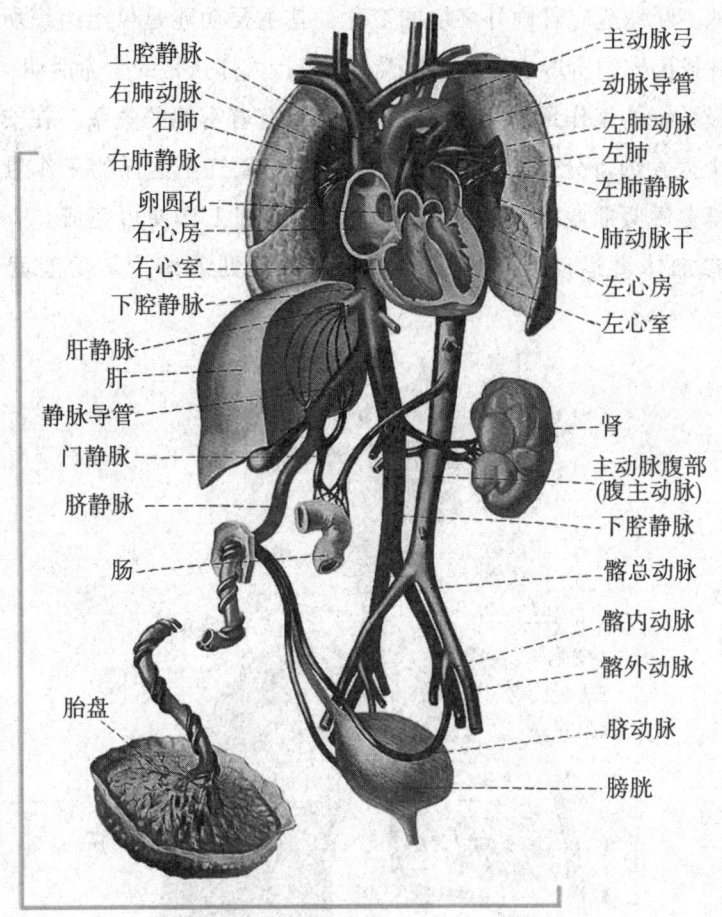

循环系统

长距离游泳、滑冰、登山以及一些运动量较大的球类活动。参加运动的初期，运动量可小些，当锻炼水平提高时，运动负荷量必须随之逐步加大。只有这样，才能使心脏得到有效的锻炼。心脏有毛病的人，不适合参加剧烈的活动，但可以在医生的指导下做做广播体操，练练气功，或是慢跑，使心脏得到相应的锻炼。

三、呼吸系统的功能与锻炼

呼吸是人体重要的生理活动之一，它在神经系统的控制下，与其他机能协调地不断地适应着内外环境的变化,其主要功能是供给组织所需要的氧气,并排出体内所形成的二氧化碳,来维持人体正常的生命活动。

呼吸系统的工作量与全身氧气的需要量有着密切的关系。在安静状态下,一个人大约每分钟需要 250~300 毫升的氧气。这样的工作量一般只需一小部分呼吸肌收缩,调动 1/20 的肺泡参加工作便可完成。人体如若长期不参加体育运动,呼吸肌和肺泡就得不到锻炼,其功能就会逐渐下降。

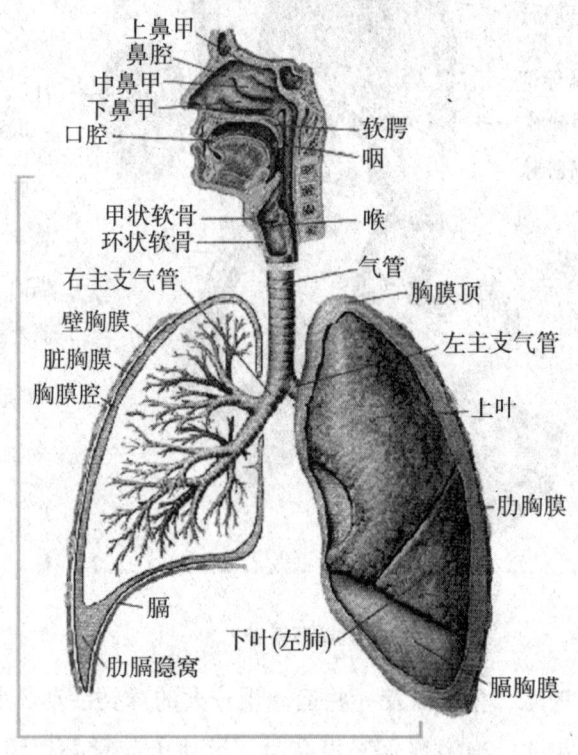

呼吸系统

据统计,一般人运动时氧的需要量比安静时大 10 倍。通过不断锻炼,可使呼吸肌发达,收缩有力,使更多的肺泡张开,从而提高肺组织的换气功能,肺活量也随之而增大。目前我国 18~25 岁青年的肺活量,男子平均为 4124 毫升,女子为 2871 毫升。经常参加运动的人,肺活量最高的,男子可达 7000 毫升,女子可达 4000 毫升左右。从 1976 年辽宁省调查结果可以看出，业余体校17岁学生的肺活量与同年龄普通中学的学生相比较，男生大936毫升（5060-4124毫升），女生大844毫升（3982-3138毫升）。经常运动的人，呼吸比一般人深而且慢，这样可以使呼吸器官有较多的休息时间，不易疲劳，从而大大提高人体的耐力和健康水平。

为了更有效地提高体质水平，除了加强呼吸系统的功能外，还应很好地保护呼吸系统。其方法是：一是要经常进行健康检查，尽早发现各种与呼吸功能有关的疾病，及时治疗，并根据病情在一个时期内适当减少或停止体育锻炼；二是要尽量选择空气新鲜和环境清洁的地方进行锻炼，避免在尘土飞扬和卫生条件差的场所进行锻炼；三是要讲究正确的呼吸方式，养成用鼻呼吸的习惯，注意训练自己慢而深的呼吸能力。

四、消化系统的功能与锻炼

消化系统好像是人体的一个食品加工厂，人所吃的食物经过口腔、食道、胃、肠的一连串的流水作业，将食物中的糖、脂肪，蛋白质等营养物质加工成为身体易于吸收的葡萄糖、脂肪酸和氨基酸等，通过血液输送到全身，并将人体内的废物通过肛门和尿道传送到体外。

经常参加体育锻炼，可以改善胃肠的血液循环，提高胃肠的蠕动能力，增加消化液的分泌，促进食物的消化和吸收。消化和吸收为运动提供了动力，运动又反过来促进了消化功能。如体力劳动者和经常参加运动的人，饭量都比较大，相应的力气也比较大。又如，有些平时不大喜欢运动的脑力劳动者，偶尔参加体力劳动或体育运动后，会感到吃饭比过去香了，饭量也有所增加。这是因为肌肉活动要消耗大量的能量，运动后需要吸收大量的营养物质来弥补，所以食欲增强。更重要的是经常运动的人，很少发生消化道疾病。

还有一个应该注意的问题，就是当一个人或由于劳动过重，或由于运动量过大，身体过于疲劳时，也会对消化系统有暂时性的影响。只要我们注意饮食卫生，使消化系统尽量避免不必要的刺激，暂时性的影响就会很快地消除。

为了能较好地保护和提高消化系统的功能，应注意以下几个问题：

1. 注意饮食卫生，防止各种肠道传染病。
2. 吃饭时，要细嚼慢咽，避免暴饮暴食，以减轻消化器官的负担。
3. 吃饭时，心情要舒畅，避免在紧张、激动不安的精神状态下进食。
4. 在吃饭前后的一段时间里，不要做剧烈活动，一般地说，运动后要休息半小时左右再吃饭；饭后做一些轻微的活动（如散步等）是有利于消化的，但剧烈活动最好在饭后一小时后进行。
5. 在参加较剧烈的运动或比赛时，运动前的一顿饭，应多吃含糖的食物，少吃含脂肪较高的食物。

严冬，在湖南第一师范学校后边的妙高峰上，有一个穿着单衣的青年，迎着呼啸的寒风站立着，从他紧锁的眉宇间，可以看出，他正在思考问题。为什么他一定要站在这里思考问题呢？原来，他正在进行"风浴"锻炼；滴水成冰，人们都已经穿上了棉衣，他还在湘江里游泳，一游就是几小时；学校的水井旁，一年四季都有他的身影，只见他提起一桶桶井水冲淋在身上，朔风从他身边卷走了几片冰花……难道他天生就不怕冷吗？不是，他正是通过风浴、冬泳、冷水浴使自己的身体逐渐适应了寒冷。此外，他还经常进行大雨浴、日光浴、登山、跑步、露宿等锻炼。同学们都很羡慕他的适应能力。他就是青年时代的毛泽东同志。

适应能力包括的范围很广，在这里，我们所要讲的是人体对自然环境的适应能力。

对环境的适应能力是长期锻炼的结果。比如，生长在南方的米兰，移植到北方后，如果没有相应的温度、湿度，它就很难存活。又如，人类长期豢养的家畜，已经对人类产生了依赖性，如果再把它们放回到它们的祖先生长的环境中去，它们很快就会被其他的猛兽所消灭。从整个自然史的发展角度来看，顺应着一条规律："适者生存"。凡是不能适应自然环境变化的动、植物，都被大自然无情地淘汰了。人类也是一样，人类之所以能够顽强地生存下来，其中一个重要的原因，就是对自然的适应能力。

但是，具体到每一个个人，对于环境适应的能力就千差万别了。为什么有的人不怕寒冷，即使在严寒的冬天也只穿一条单衣，甚至敢于跳到冰窟窿中去洗澡；有的人却特别怕冷，冬天出门，又是大衣、围巾，又是皮帽、口罩，一直把自己"武装"到牙齿。为什么有的人不怕酷暑，三伏天还可以光着膀子在炎热的太阳底下劳动和进行体育运动；而有的人却经不起日光的炙烤，稍微晒一下就头昏目眩，皮肤发红，甚至起泡、脱皮。为什么有的人可以光着脚在各种各样的路面上行走；有的人离了鞋就寸步难行。为什么在同样的条件下，有的人很少得病，有的人却三天两头有病。这些现象反映出不同人对环境的适应能力和对疾病的抵抗能力的差异。同时，也反映出人们在生活环境和身体锻炼上的差异。

在寒冷的冬天与炎热的夏天坚持在室外劳动和运动，确实很辛苦，但长期坚持下去，你的体质就可以大大增强，你对冷热的适应能力就可以大大提高。从全世界的角度来衡量，我国所处的地理位置属于温暖地带，应该说是人类最容易适应的地区。世界上最冷的地区在南极洲，年平均温度在-25℃。1967年初，挪威人在南极的极点上记录到当地的最低气温为-94.5℃。又如生长在寒冷的北极的爱斯基摩人不仅生活得很愉快，甚至还用冰雪漱口、洗脸、擦澡。最热的地方在利比亚的阿济济亚，其最高气温为58℃。人类能顽强地在这些地区生存下来，正说明他们有很强的适应能力。以我国的自然条件同他们相比较，那我们简直是生活在"天堂"了。

常言道，冬练三九，夏练三伏。为什么强调在最冷和最热的季节进行体育锻炼呢？这是因为冬天锻炼可以增加人体与寒冷空气接触的机会，使身体经常受到冷空气的刺激，从而提高人体体温的自我调节能力和御寒能力；夏天锻炼，人体在炎热的阳光和空气下劳动或运动，必然会产生更多的热，通过皮下血管的扩张、汗腺的分泌以及汗液的蒸发等活动来保持体温的恒定，增强人体的抗热能力。在阳光中的紫外线、红外线的直接照射下，可以消灭沾在皮肤上的细菌，紫外线还能使人皮肤中的7-脱氢胆固醇转变成维生素D。维生素D可以促进身体对钙和磷的吸收，有利于骨骼的正常发育。经常在阳光下进行活动，由于阳光对皮肤的刺激作用，还可以使皮肤中的色素增加，用以保护身体的深部组织不致由于阳光的过度照射而造成损害。

　　总之，经常参加体育锻炼，不仅可以增进健康，而且可以提高人体对各种不同环境的适应能力和对疾病的抵抗能力。大家会观察到，经常参加体育锻炼的人，身体健壮，精神饱满，很少得病。不少有慢性病的人，经过体育锻炼的辅助治疗，病情出现了好转，或者彻底痊愈。相反，那些不愿活动的人，即便吃得很好，营养很充足，他们的身体对环境的适应能力和对疾病的抵抗能力却比较差；而且，往往越是营养十足的人，体质越差，越容易得病。亲爱的朋友，你是愿意做温室里的弱苗呢？还是做冰山上的雪莲呢？

　　各种研究资料表明，经常从事体育锻炼的人比伏案工作者平均要多活12年，各器官生理功能的差别可达15年。

　　体育锻炼对人体各器官的益处主要在于：

　　循环系统：由于运动时促使心肌加强收缩，因而改善了血液循环。

　　呼吸系统：经常参加运动的人可使肺活量得到改善，从而使血液的含氧量增加。

　　消化系统：运动能使胃肠道分泌和蠕动增强，从而促进食欲，形成良性循环。

　　神经系统：由于运动改善了心肺功能，增加了血液的含氧量，也就调节了神经系统的功能。适当运动后所产生的轻度疲劳感，可解除神经紧张和心理焦虑，利于人的睡眠。

　　肌肉骨关节系统：运动能改善肌肉和关节的血液循环，强壮骨骼，发达肌肉，使人体健美，动作灵活轻巧。

科学的进行体育锻炼

进入21世纪，是一个科学技术突飞猛进的时代。科学正无孔不入地渗透进人们的工作、学习和生活中。如果问你什么是科学，你也许能够准确地回答这两个字的含义，但是，在运用科学的时候，你也能像解释概念时那样准确吗？

法国著名的文学家大仲马是一个非常有才华的人，同时又是一个生活上非常没有节制的人。有一次，他希望医生给他开一剂能使他身体健康起来的药，医生对他说："只要你每天早上7点钟到凯旋门下吃一个苹果，你的身体就会健康起来。"

有人会说，这个医生大概是个庸医，不然，决不能这样不负责任地对待病人。恰恰相反，这是一位非常高明的医生。大仲马按照医生的话去做，结果身体果真一天天好了起来。

这是为什么呢？原来，大仲马每天忙于写作和社交活动，生活很没有规律，常常把白天当做夜晚，把夜晚当做白天。这种失去节律的生活，严重地摧残了大仲马的身体。医生从人体生理学的角度诊断出大仲马的病症所在，一方面让他按时休息，一方面让他进行身体锻炼，事实证明，医生的见解是对的。

我们无论做什么事情，都应持严谨的科学态度，对待体育锻炼也应该如此。大仲马未必不懂得人应该夜里休息，白天工作，只是写作起来就失去了控制。

我们都只知道体育锻炼可以增强体质，但实际上体育锻炼并不一定都能增强体质，关键还在于锻炼是否得法，是否适度，是否符合人体的客观发展规律。如果在锻炼时不讲方式、方法，一味蛮干，非但对身体没有好处，还有可能带来意想不到的恶果。

一、怎样使体育锻炼收到良好的效果呢？

1. 量力而行

人们的身体结构虽大致相同，但体质却有所不同，如少年儿童与青年人，男子与女子，体强者与体弱者，在体质上就有很大的区别。因此，选择运动项目要量力而行。如何根据自己的身体条件选择运动项目，在前一章已经讲过，不再赘述。

2. 循序渐进

生物学研究表明，机体对刺激的反应从属于刺激的强度、性质及机体功能对反应的准备。弱的刺激不能引起机体功能的变化，而过强的刺激则对机体有破坏作用。对人体而言，要想增强体质和提高运动能力，必须通过一定负荷量的运动或劳动，给某些运动器官以一定程度的刺激。运动的负荷量应根据体质的提高状况而逐渐加大。体育锻炼的负荷量太小，难以收到好的效果，过大则会带来不良的后果。例如：初练长跑的人，距离不要太长，速度不要过快，跑累了，可以走走再跑，随着跑步次数的增加和适应能力的提高，再逐步适当地增加跑步的距离和速度。这样，身体的各器官、各系统的机能，就能逐渐地适应越来越紧张的运动，日久天长，体质也就随之增强。青年人的运动强度，一般以每分钟脉搏130～150次为宜。

3. 持之以恒

体育锻炼的效果，一方面表现为速效性的，即当经过一段时间的锻炼之后，感到体质明显有所增强；另一方面则表现为潜移默化。马寅初先生因为几十年如一日地进行热—冷水浴等锻炼，他的身体机能70多岁时，还像30岁的人一样健康，这就是潜移默化的效果。对于这一点，青年朋友还不可能有所体会，但是检查体育锻炼的效果如何，更重要的恰恰是表现在这一点上。

4. 全面发展

全面锻炼身体，主要有两种含义：一是要求对身体各部分全面锻炼，以促进匀称发展，避免畸形；二是要注意身体素质的全面锻炼，以有利于提高人体的活动和工作能力，增进健康。

5. 运动与卫生保健工作

体育锻炼和卫生保健是相辅相成、不可分割的统一体。二者的目的都是为了增强人的体质，防止疾病，提高健康水平。

二、在体育锻炼中应注意哪些卫生保健的原则呢？

1. 锻炼前要根据运动的内容做好准备活动。每次准备活动的量，应根据运动的内容和要求来确定。如果进行的是运动量小、动作又比较和缓的运动项目，如慢跑等，只需将关节活动活动就可以了。而在进行剧烈运动或参加比赛前，准备活动则要求充分一些，除了将关节活动开外，最好能使身体微微出汗，以便使身体各运动器官都得到活动和做好准备。

2. 在运动中要掌握正确的呼吸方法（尽量避开空气不好的环境），养成用鼻呼吸的习惯。注意动作和呼吸的配合，即屈曲和复原时应呼气，伸展身体时应吸气。

3. 进行剧烈运动或比赛后，要做好整理活动，不要马上坐下或躺下休息，否则对身体健康不利。原则上，运动之后要使运动状态逐渐恢复到正常状态，使紧张的肌肉通过整理活动逐渐地得到放松，才能收到良好的锻炼效果。

4. 饭前和饭后半小时内不要做剧烈运动。

5. 睡觉前不要做剧烈运动，要建立良好的睡眠制度，一般每天要保持8小时的睡眠时间。

6. 剧烈运动后，要及时擦干汗水，防止伤风感冒。

三、怎样来自我测定运动量的大小呢？

所谓运动量，是指体育锻炼给予人体的生理负荷量。标志运动量的因素有：数量（指一次锻炼或一个阶段所完成锻炼的次数、重量、距离等的总量）、强度（指做一次或一组练习时，对人体生理负荷的影响）、密度（指一次锻炼中用于锻炼的时间与这次锻炼总时间的百分比）、时间（指一次锻炼的时间或一个阶段的锻炼的总时间数）、运动质量（指做每一个练习是否按某技术要求去做）。

体育运动很讲究运动量，漫不经心地运动达不到锻炼身体的目的，超负荷运动又会妨碍身体健康。由于每个人的运动经历，身体素质和选择运动项目的不同，要定出统一的运动量标准是不可能的。不过，从身体经受一定运动量后的反应情况来看，倒是可以帮助我们找到一把掌握运动量的尺子。下面介绍几种自我测试运动量的简易方法：

1. 自我感觉

运动量适度时，运动后出现的疲劳感能比较迅速地消除，精力充沛，精神轻松，食欲旺，睡眠好；如果运动后出现头痛，情绪低落，失眠，食欲减退，疲劳感长时间不消除，或对运动产生厌恶感，甚至出现心悸、气喘、胸痛、心脏急性扩张、肝肿大等状况，就是说明运动量过大了（除身体有病外），应该及时调整运动量。

2. 体重的变化

正常的情况是：刚开始锻炼时体重会程度不同地有所下降，过一段时间就会回升，最后稳定在一定的水平上。

测量体重最好在清晨起床后或午饭前空腹时进行。刚开始参加体育锻炼的人最好每周测一次。

3. 心脏机能的状况

当运动量适度时，人在安静时，脉搏比较稳定，并随着运动经历的延长而逐渐减缓。如果人已经安静下来，脉搏次数仍然较高，或者在定量负荷试验（定量负荷试验可采用 30 秒 20 次蹲起法）后，不能较快地恢复到负荷前脉搏的频率。这说明身体生理机能反应不良，可能是运动量过大引起的过度疲劳。

4. 运动水平的变化

在正常情况下，经常进行的锻炼项目的技术水平应逐步提高或保持在相对稳定的水平上。如果运动量过大，容易产生过度疲劳，反应迟钝，爆发力减弱，这时应减小运动量。

参加体育锻炼，必须时时注意自己的体质变化，以保证运动量适中。这样才能有效地提高运动水平和健康水平。

运动项目的选择

人的一生中，总是在进行着各种各样的选择。选择，是人的主观能动性的表现。选择，对于每一个人做每一件事都是非常必要的，但是，并非所有的选择都是正确的。只有那些符合客观实际的选择才是正确的、切实可行的，锻炼身体也是一样，因为每个人的具体情况不尽相同，所以在选择运动项目的时候也就应有所区别。那么，怎样才能使自己的选择更少盲目性呢？下面所谈的六项原则，也许会对你有所帮助。

一、重视性别差异，做到男女有别

男青年较女青年力气大，心脏功能强，适合于做各种运动。相比之下，女青年较男青年更喜欢一些带节奏性的活动内容，如舞蹈、艺术体操、花样滑冰等。另外，像爬山、游泳、跑步、武术、滑冰、滑雪、体操、篮球、排球、乒乓球、羽毛球等也都适合于女青年，但是，运动器材和运动负荷量的大小男女应有所区别。近年来，有些专家认为，女子的身体素质并不比男子差，可以像男子那样，参加一些剧烈的竞技运动，如女子足球、长跑、摔跤等，但是对一般女青年来说，这样的运动仍然是不适宜的。

女子足球

二、根据体质强弱，区别对待

太极拳

体质强壮的青年，可以参加各种自己所喜爱的运动项目；但对于体弱者，特别是身患疾病的青年，在进行体育锻炼的时候要十分慎重。一方面应待病症确诊后，在医生的指导下选择适宜的运动项目；另一方面则应本着循序渐进的原则，逐步提高运动的难度和运动量。例如，在刚开始参加体育锻炼时，可采取散步的方法，逐渐加快步行速度，当身体有一定基础后，再改为跑步，由慢和近，逐步向快和远的方向发展。又如，太极拳、气功及徒手体操一类的运动项目均适合体弱者。体质强壮的青年除可以参加一些自己所喜爱的一般体育活动外，还应该针对自身素质的情况，有意识地加强某一薄弱部分的锻炼（如有的人腹肌力差，可以多进行仰卧起坐等锻炼），力求身体各部位的均衡发展。

三、因地、因条件制宜

根据我国的实际情况，目前，大多数青年所处的工作、学习及居住环境尚缺少体育活动场地和器材。怎么办呢？只能因地制宜，创造条件。早在两千多年前的三国时期，名医华佗就创造了"五禽戏"这种健身体操，它不受条件环境的限制，练一次，花费时间不多，但却能使人受益不浅。根据前人的经验，后人创造出许多健身的好办法，如各种体操、武术、气功，乃至跑步等。这些活动既不需要什么标准场地，也不需要什么运动器械，随时随地可以进行锻炼，而且效果都很不错。

四、根据工作性质，选择运动项目

目前，我国的体力劳动量还很大，不少人因工作性质的关系容易导致某种职业性疾病。如纺织工人、售货员、理发员、交通警察、护士等，由于工作要求他们长时间地站着，因此，易患紫斑和静脉曲张等病。从事这类工作的人，应多做扩胸和四肢运动，特别是下肢运动，像跑步、打球和各种体操等，这些运动有利于促进下肢血液的回流，可以改善血液循环的不平衡状态。从事井下劳动和室内工作的人，因为经常得不到日光的照射，身体对自然环境的适应能力和对疾病的抵抗能力容易下降，应多到室外活动，接受一定时间的日光浴，呼吸呼吸新鲜空气。工作要求经常固定一种姿势或长时间重复一种动作的人，要注意身体各部位的匀称发展，避免

武术

身体局部畸形，一方面要在工作中多变换劳动姿势，另一方面还要多参加一些全身运动的体育活动，以防止可能发生的局部肌肉劳损。

五、运动项目与季节性

我国大部分地区一年四季气温条件各不相同，所以运动的项目也应根据季节的变化而有所不同。例如我国北方地区，冬季冰雪较多，可以多开展滑冰、滑雪运动；夏季气候温暖，是开展游泳的好季节。就我国大多数地区而言，冬季气温比较寒冷，可选运动量较大的项目进行锻炼；夏季应适当地减小运动量，锻炼尽量多安排在早晨或下午天气较凉爽的时间进

行；春天和秋天气温适中，体育锻炼的内容可以更丰富一些。

六、充分利用自然条件

适当地利用日光、空气和水等自然条件来锻炼身体，对于增强神经系统功能、促进新陈代谢、提高工作能力有明显效果。主要方法是：日光浴、空气浴和冷水浴等。

日光浴，从夏季开始比较合适。不论在海滨、河岸、庭院或阳台上都可以进行，不过，应选择空气流动较小的地方。上午10~11点是比较理想的时间，因为，这时的阳光中不仅紫外线充足。而且热度较中午、下午和缓。

进行日光浴时，可以采用躺卧方法。躺卧时男子最好只穿短裤，女子可穿短裤和背心，头部稍微垫起，用草帽遮住头和眼睛。日光浴初期，每次不可超过5分钟，以后可以逐渐增加。目光浴的正确做法是：先俯卧、后侧卧、再仰卧，使身体的各部位依次轮流晒到，每个部位的照晒时间尽量均等。

空气浴，实际上在我们日常生活中处处都在进行，它是使人体适应空气温、湿度变化的一种锻炼形式，一年四季都可以进行。刚进行空气浴锻炼的人，最好从春季或夏季开始，由气温适中的春夏季早晨锻炼，逐渐过渡到低温下的锻炼，穿衣越少效果越佳（减少衣服的过程要视体质情况灵活掌握）。空气浴可与早晨的跑步、做操等运动结合起来进行。

冷水浴，包括冷水擦身、淋浴和游泳等，由夏天开始为好。随着季节变化，天气逐渐变冷，人的适应能力也不断地增强。刚开始冷水擦身、冷水淋浴时，最好在比较温暖的室内（18~20°）和温水（30°左右）中进行，随着适应能力的增强，水温可逐渐降低到10°左右。冷水擦身的方法是，先用湿毛巾摩擦臂、肩、颈、胸、背、腿等部位，然后用干毛巾用力擦遍全身，直到皮肤发红为止。冷水淋浴的方法是，先用冷水淋浴几分钟，然后用毛巾擦干。冬泳是冷水浴中最好的一种锻炼方法，但要在天气暖和时开始，逐渐适应，循序渐进，并且一定要十分慎重，防止意外情况的发生。

冷水浴锻炼只要能闯过第一个寒冬，适应寒冷的条件反射基本建立，你就会体会到冷水浴对抗病和健身的妙用。但是，有心脏病、皮肤病的人和妇女在月经期间是绝对不能进行冷水浴的。

此外，值得提倡的还有热—冷水浴。已故百岁老人马寅初，年轻时十分注意锻炼身体，后来在美国耶鲁大学留学时，又从一位90多岁的校医那里学来了热—冷水浴。方法是：每天晚上就寝前，先在热水中浸泡15分钟之后，过三四分钟再进入冷水中洗一遍。这种方法的好处有三：一是先用热水洗，毛孔张大，身体内的脏东西可以排出去；二是促进血液流通，可使新陈代谢作用旺盛，精神爽快；三是全身血管经热水而膨胀，遇冷水而收缩，一张一缩，增强了血管的弹性，减缓了血管的老化。

马寅初

这种方法，马寅初先生一直坚持了70多年。他在76岁时去医院检查身体，医生告诉他，心、肝、肺、肾等内脏各部位功能都很正常，和30岁的壮年人一样，可见，热—冷水浴在健身中的作用是不能低估的，有兴趣的青年朋友不妨一试。

有氧运动和无氧运动

有氧运动和无氧运动，是按照运动时肌肉收缩的能量来自有氧代谢还是无氧代谢而划分的，其区别为：

有氧锻炼也叫有氧代谢运动，是指人体在氧气充分供应的情况下进行的体育锻炼。也就是说，在运动过程中，人体吸入的氧气与需求相等，达到生理上的平衡状态。因此，它的特点是强度低。有节奏，持续时间较长。要求每次锻炼的时间不少于30分钟，每周坚持3~5次。这种锻炼，氧气能充分酵解体内的糖分，还可消耗体内脂肪，增强和改善心肺功能。调节心理和精神状态，是健身的主要运动方式。常见的有氧运动项目有：步行、慢跑、滑冰、游泳、骑自行车、打太极拳、跳健身舞、做韵律操等等。

无氧运动是指肌肉在"缺氧"的状态下高速剧烈运动。如短跑、举重、投掷、跳高、跳远、拔河、肌力训练等。由于速度过快和爆发力过猛，人体内的糖分来不及经过氧气分解，而不得不依靠"无氧供能"。这种运动会在体内产生过多的乳酸导致肌肉疲劳，运动后感到肌肉酸痛，呼吸急促。无氧运动可以增强肌肉力量，提高身体的适应能力。

总之，有氧运动和无氧运动的区分是根据运动时肌肉收缩的能量来自有氧代谢还是无氧代谢。而不是简单的根据运动项目。如何判断自己从事的运动是有氧运动还是无氧运动可以根据心率的高低快慢来判断，因为不论从事哪项健身运动，作为有氧运动。心率一般都在每分钟130次左右为最佳。这也叫黄金心率。心率130次就是针对有氧运动，消耗体内脂肪而言的。尽管每个人的基础心率和最高心率各有差异，但是有氧运动的心率不应超过每分钟130次，也就是人体最大吸氧量的50%~60%，心率达到每分钟150次。肌体就开始混合代谢，如果心率达到了每分钟160次，甚至每分钟180次以上，就表明运动代谢方式在无氧运动状态下进行。

举重

冬季锻炼与夏季锻炼

一、冬季锻炼对青少年身体素质的益处

"每到秋天，我就像鲜花盛开，
俄罗斯的寒冷有益我的健康，
我又体验到对生活的热爱，
我重新觉得幸福、年轻、充满希望……
寒冷刺骨的严冬，
对俄罗斯人的健康有益，
寒冷与热血，
使我们的面颊变得比玫瑰还红。"

俄国伟大的诗人普希金通过冬练的切身体会写下了这首赞美诗。

俄罗斯的冬天是十分寒冷的，只要冬天一到，人们就缩进了温暖的屋子，很少出门，即使外出，也要用皮制的大衣、帽子、衣鞋、手套等把自己裹得严严实实，而普希金却经常身穿单薄的衣服，迎着呼啸的北风锻炼身体。有一次，他正赤着脚，穿着衬衣站在庭院里凛冽的寒风中做体操，一位来访的朋友见状大吃一惊，硬要把他拉进屋子，普希金笑着说："你把寒冷看得多么可怕，可我就喜欢这寒冷的冬天……"

通过冬季锻炼，不仅能提高身体对寒冷条件的适应能力，还可以磨炼意志。

普希金

经验证明，坚持冬季锻炼的人，御寒能力强，很少感冒；相反，冬天怕冷，躲在暖和的屋内不愿出门的人，却很容易感冒，原因就在于御寒能力（即适应能力）差。

冬季能不能参加体育锻炼，关键在于一个人的决心和毅力。要经受住寒冷的考验，大致需经过三个阶段：一是走出家门，咬紧牙关，这是最困难的一步；二是锻炼一段时间后，有了一定的适应能力，不要满足，仍需坚持；三是达到自觉锻炼的阶段，一天不练就感到不舒服。

冬季参加体育锻炼，寒冷是一个不利因素。要想使不利因素转化为对增强体质有利的因素，就必须根据冬季特点，做到如下几点：

1. 认真做好运动前的准备活动。冬天气温低，寒冷的刺激使肌肉的粘滞性增加，弹性、伸展性降低，所以使肌肉变得较僵硬，关节也不够灵活。如果骤然进行剧烈的活动或比赛，很容易受伤。为了防止运动事故的发生，必须做好准备活动，使各部位肌肉和关节韧带都做好活动准备。

2. 要预防感冒。冬季运动，如果穿着大衣或棉袄进行，既不方便，运动后出汗又不易挥发，很容易感冒；穿得太少，也容易感冒。运动时，应尽量穿温暖轻软的服装，不要太紧，也不要太肥，以免妨碍动作。运动开始可适当多穿一些衣服，活动量增大后再逐渐减少。运动结束，要马上擦干身上的汗水，穿好衣服。

3. 预防冻伤。人体在神经中枢指挥下，可以自己调节体温，以适应外界温度的变化。但是，如果外界气温过低，就会使身体的某些裸露的部位（如手、面、耳等）受到强刺激，破坏它们的正常组织结构，引起血液循环障碍，造成冻伤。此外，冻伤还与潮湿、刮风、人体抵抗力差、局部静止不动等有关。预防冻伤的办法是服装鞋袜要保温、合适，保持干燥，潮湿后要及时更换；对于身体裸露的部分要采取防护措施（戴手套、护耳等）。

4. 注意正确的呼吸方法。冬季气温寒冷，为避免冷空气直接刺激呼吸道，应用鼻子呼吸，参加剧烈活动时，如感到吸气不足，才允许用鼻子和口做混合式吸气。

爱尔兰大作家萧伯纳最讨厌坐在屋子里写东西。特别是在夏天，他总是坐在海边的沙滩上一边晒太阳，一边写作。写累了就做体操，有时甚至跳到海里去游泳一会儿。了解他的人，只要到海边准能找到他，而那些初次登门拜访的人，却往往要吃闭门羹。

对于不了解体育运动的人来说，会认为夏天气候炎热，在家里呆着还热得受不了，还能参加什么体育活动呢？其实不然，夏天的气候恰恰给某些体育活动提供了非常有利的条件。如无数的江、河、湖、海可以变成供人们游泳锻炼的天然场所；充足的阳光是人们进行日光浴和增进皮肤健康的不可缺少的条件。因此，夏季正是人们利用大自然进行身体锻炼的好季节。

二、夏季锻炼对青少年身体素质的提高

夏季经常在日光下锻炼，可以增加人体对炎热气温的适应能力，改善身体健康状况，增进新陈代谢的机能。日光可以增加皮肤里的维生素 D，加强人体对氯化钙及磷质的吸收，从而促进人体的生长发育和防止佝偻病。

夏季不仅是进行游泳锻炼和日光浴的好季节，并且也是开展各种水上运动（如划船、赛艇、水球等）和爬山、旅行的好时机。另外，像体操、游戏、田径、球类和武术等运动项目，都适宜在夏季进行，但应安排在天气凉爽的早晨和下午 4 点钟以后进行。

夏季虽然是利用自然力锻炼身体的好季节，但必须掌握适当。如在强烈的日光下照晒过久，紫外线会灼伤皮肤，引起皮炎；运动中出汗过多，身体内的水和盐排出过量，又得不到及时补充，水盐代谢一旦发生障碍，就容易发生中暑。人中暑时的表现是，开始脸红、口渴、疲倦无力、头晕、胸闷，接着

田径

出现耳鸣眼花、心慌气短、恶心呕吐等症状。发现中暑后，应赶快解开衣扣，站在荫凉通风的地方，喝些凉开水，吃点人丹或十滴水，并冷敷头部。中暑较重者，应速请医生治疗或及时送往医院。

为了防止中暑，衣服的颜色取白色或浅色为好，并要宽大些，以便散热；供参加运动的人吃的饭菜中应适当增加一些食盐，以补充运动时由于出汗而失去的盐分，保持体内水盐代谢的平衡；运动时间以早、晚为宜，尽量避开炎热的中午；还要经常洗澡，保持皮肤的清洁。

夏季的气温比较高，人类机体阳气充沛，中医依据"人与天地相参，与日月相应"的原理，运动能收到事半功倍的成效。从现代西医学来说夏季运动能收到以下几方面的功效：

1. 增强心血管功能

夏季锻炼可增强心脏收缩力，心排血量增加；可增粗冠状动脉口径，使心脏供血增多，以适应夏季高消耗的需要。同时能改善血液粘稠度，纠正因出汗多造成的血液粘稠密度增高，加快血液循环。通过运动，心脏迷走神经紧张性增大，使心率减慢，从而使心脏耗氧量减少，心脏负担减轻。

2. 促进呼吸系统功能

夏天的大气压较低，运动使呼吸加深，加强了膈肌上下活动的幅度，促进心肺循环；同时增大了肺活量。从而使气体交换充分，血液中氧含量提高，保证了新陈代谢的需要。

3. 促进消化系统功能

夏天人的消化功能减弱，这是由于在植物神经支配下，人的胃酸分泌减少。通过夏练，可使横膈肌肉活动幅度增加，刺激植物神经系统，使兴奋度增高，从而改善和增强消化功能。同时在夏练中唾液分泌增加，肠蠕动加快即增进了食欲又保持大便通畅。

4. 改善代谢和内分泌系统功能

坚持运动可改善机体的物质代谢，使总胆固醇、血甘油三酯有所下降。同时，运动可以改善体内激素水平，起到延缓生理老化、减轻病理损伤的作用。

5. 提高神经系统功能

夏季温度较高，人往往容易出现烦躁情绪，实验证明，此现象与机体交感神经兴奋增强有关，此时血儿茶酚胺含量明显增加。而坚持夏练，则可使迷走神经兴奋增加，交感神经兴奋性相对下降，从而调节神经系统功能，有效消除焦虑情绪。另外坚持夏练的中老年人，能使神经兴奋和抑制、传导和反应性都有明显的改善，从而使机体保持灵活、反应迅速、头脑清醒、思维敏捷、精力充沛。

6. 增强肌肉骨骼系统功能

夏季运动，通过骨骼对肌肉的牵拉，促使肌纤维变粗，反应性与收缩性增强，并且运动改善了骨骼的血液循环。此外，运动还能改善骨骼肌与关节韧带的弹性和韧性，保持机体动作和谐，对防治腰腿痛很有好处。

7. 调节免疫系统功能

夏季运动可以提高人体免疫球蛋白、淋巴细胞和补体的生理效应，从而增强机体免疫力、改善身体素质。并且，坚持夏练能使机体的免疫系统协调运转，处于最佳防病祛病状态，对延年益寿非常有利。

总之，夏季坚持参加体育锻炼，益处多多，可以使人精神愉快，身体健康，保持与大自然的最佳适应性。

晨　练

正当大作家雨果激情奔放，酝酿着一个大的创作计划的时候，心脏病恶性发作了。人们万分惋惜地说："这颗巨星将要陨落了。"这时的雨果，才刚满40岁。

出乎人们意料的是，过了一段时间，雨果的作品又在报上出现了。人们激动地读着雨果的新作，猜想着他是怎样从死亡线上走回来的。

原来，雨果在医生的精心治疗下病情有了好转后，听从了医生的劝告，

雨 果

坚持每天早晨起床后锻炼身体。开始时，仅仅散散步，做做操，随着健康状况的好转，他又改为跑步、登山。打这以后，雨果天天早晨起床后，第一件事就是锻炼。谁又能想到，一个40岁时就被判了"死刑"的人，竟然活到了84岁！

　　为什么医生一定要雨果每天早晨进行锻炼呢？俗话说：一年之计在于春，一天之计在于晨。早晨的空气经过一夜的净化，杂质和灰尘少了，含氧量高了，因此，早晨对于人们是一天中环境条件最好的时间（特别是在城市里）。

　　早晨参加体育锻炼的人，都有一个共同的感觉，只要早晨在室外活动活动，一天都会感到舒服，工作效率也会有所提高。这是因为，人们夜间休息时，大脑皮质处于抑制状态，所以肌肉放松，呼吸和心跳次数变缓，新陈代谢减慢，人体对氧气的需求量降低，早晨，当人们醒来之后，身体（特别是大脑）对氧气的需求量增大，这时，只要在室外适当地进行一下体育活动，就能使全身的机能都积极地活动起来，使身体很快地由安静、抑制状态过渡到兴奋状态，使人体对氧气的需要得到满足。因此，早晨的锻炼，能给人一种愉快乐观、精力充沛的感觉。

　　科学研究发现，人体内肾上腺皮质激素的分泌，在清晨睡醒前最旺盛。肾上腺皮质激素能动员身体机能，促进糖元分解，以适应肌肉活动的需要。清晨进行锻炼容易发挥体力，不易疲劳。只要合理掌握运动量，锻炼后常能使人更加精神抖擞地投入一天的学习和工作。

一、早晨锻炼应注意哪些问题呢？

1. 早晨锻炼，一般情况下应坚持在室外进行。最好到公园、河、湖、江、海边空气新鲜的地方去锻炼。

2. 早晨起床后，不宜马上做剧烈的运动，否则容易受伤。起床后，应先活动一下身体各关节，可先从小关节开始，逐渐活动到大关节。早晨锻炼不宜活动量过大，应遵照循序渐进的原则逐渐加大运动量。

3. 因为早晨人体机能尚在动员和组织阶段，还未进入完全的工作或运动状态，因此活动内容应简单些，尽量避免安排剧烈的运动项目，就是较剧烈或技巧性较复杂的运动项目，也最好放在稍晚的时候来练习。

4. 早晨锻炼后，应适当地休息一会儿再吃饭，如果运动量大，休息的时间应更长一些。"一年之计在于春，一日之计在于晨"。在方兴未艾的全民健身浪潮中，晨练以其独特的魅力吸引成千上万的群众，特别中老年人是晨练活动的主力军，他们追索着青春，恢复着活力，增进着健康，更得到了生活乐趣，中老年人参加晨练活动，还具有"一人晨练，带动全家，影响一片"的意义。因此，分析研究科学晨练对身体好处十分重要。

二、晨练的好处

1. 增强体质

（1）科学晨练能改善神经系统功能，通过晨练活动可提高中枢神经系统的机能水平，提高机体的强度、均衡性和灵活性，使大脑皮质的兴奋与抑制的转换能力的提高。体育锻炼能使神经细胞获得更充足的能量物质和氧气，使大脑和神经系统在紧张的工作过程中获得充分的能量物质保证，据研究，当脑细胞工作时，它所需的血液量比肌肉细胞多 10～20 倍，在脑耗氧量占全身耗氧量的 20%～50%，科学的晨练能使大脑的兴奋与抑制过程合理交替，避免神经系统过程紧张，可以消除疲劳，使头脑清醒、思维敏捷。

（2）改善运动系统的功能，经常参加晨练活动，可使肌肉组织的贮氧能力提高，改善肌肉组织的能量供应，增强肌肉组织的耐久力，从而使肥肉纤维增粗，肌肉体积和力量增大弹性提高，肌肉变得发达，结实而有力。据测定，一般人的肌肉能量占体重的 40% 左右，而经常锻炼的运动员的肌肉重量可达体重的 45%～50%。

（3）晨练还能改善骨骼的营养状况，增强物质代谢，使骨骼有机成分增加，并可改善骨骼肌与关节韧带的弹性和柔韧性等，从而可提高骨骼抗弯、抗拉、抗折、抗压和抗扭能的性能，同时还可以提高关节和韧带的运输的幅度、灵活性和准确性。

（4）晨练可以提高呼吸系统的能力。科学的晨练活动使呼吸频率加快，呼吸加深，使氧气的吸入量增加，提高人体供氧能力，国际著名的德国医学教授赫尔曼指出："慢速长跑是保持健康的最好的手段，关键是氧气，健身跑时的供氧比静坐时多8～12倍，经常锻炼的人，呼吸系统老化速度比不晨练的人慢1倍。

（5）提高和改善循环系统的功能。经常参加晨练活动，不仅可以加强新陈代谢，而且改善血管的弹性，提高血液量，促进血液循环，提高机体的摄氧能力，在一般情况下，运动时心脏每分钟输出血量是平时输出量的8倍，所以，平时不爱晨练活动的人，稍微活动就出现心跳加、气促、胸闷、头痛等现象，而晨练者由血液循循得到改善，血流量增加，从而使心腔容量增大，心收缩力增强，心输出量增加，心跳次数减少，休息时间延长，久之，会使心肌纤维变粗，心肌发达。

2. 塑造体型美

体型与体态能反映一个人的外形，同时也能反映出精神面貌。体型指整个身体从头到脚各部位之间的比例以及肌肉群曲线的大小，体态指身体各部位所表现出的外形姿态，良好的形态给人以美的享受，人们科学地进行健美锻炼，就可以根据需要选择合适的动作，有目的地纠正、改善体型、体态、塑造健美的形体，通过坚持参加晨练健身健美运动，消耗多余的热量，加快机体的新陈代谢，防止皮下脂肪堆积。

3. 陶冶情操

晨练活动不但使人的体格健、外形美，而且可以健"心"，调节心理活动，消除人们心理障碍，同时晨练活动还可以多样性、娱乐性、趣味性等特点，满足现代人多方面的审美需要，给人们的生活带来乐趣，培养人们良好的道德；树立集体主义精神，还可以培养人们吃苦耐劳、团结互助和坚忍不拔的良好品质。

三、科学的安排晨练

1. 从实际出发。根据不同年龄阶段的身心特点，科学地选择锻炼内容和确定锻炼方法及合理安排运动负荷。如中年时期人体各组织器官逐渐老化，机能逐渐衰退，病患增多，故锻炼需求逐渐提高。

2. 循序渐进。在锻炼内容、方法手段的安排上，要注意连贯、系统，由简到繁、由易到难，逐步提高。对运动负荷也要由小到大，逐渐增加，如果违反循序渐进的原则，不仅不能有效地增强体质，而且还会损害健康。

坚持不懈。人体机能水平的提高是一个逐步发展的过程，通过锻炼所引起身体形态、生理、生化等方面的良好变化，需经过由少到多逐渐积累，只有坚持不懈的科学锻炼，才能产生量的积累，收到良好效果。

四、晨练注意事项

1. 晨起应适当补水，使循环血量增加，血液粘滞度降低，但切记不要一切饮水过多，以150～200毫升为宜，以免增加心脏及胃肠道的负担。

2. 做好晨练的准备活动，做好准备活动，让机体内功能充分地调动起来后再投入锻炼，避免发生意外伤害事故，有效预防运动损伤。

老年人参加晨练宜做间歇锻炼，晨练的最好有个同伴，边锻炼边聊天，既能活跃气氛又能相互照应。

3. 晨练、最佳心率应控制在120～150次/分之间，据研究心率在120次/分以下的机体血压，血液成分，尿蛋白等指标，没有明显变化，故健身价值不大，心率在140次/分的运动负荷时，健身效果明显，心率在150次/分时，心脏的每搏输出量大，晨练效果最好。

各种强身健体的体育项目

一、长跑的益处

据说欧洲人的祖先曾在峭壁上刻下这样的话："你想变得强壮,你就跑吧!你想变得健美,你就跑吧!你想变得聪明,你就跑吧!"跑,泛指体育锻炼。因为人类早期的体育活动是十分单调的。那时,人类以狩猎为谋生的主要手段,在追逐猎物的时候,人们体会出了"跑"在生活中的地位。在原始战争中,人们仍然依靠两条腿,无论是进攻还是撤退,跑,是战斗成败的重要因素。跑,伴随着人类,从蒙昧时期跨入野蛮时期,又从野蛮时期进入文明时期。今天的马拉松赛跑,就来源于古希腊的一次战争:公元前490年,希腊人在马拉松地方击溃了入侵的波斯军队,为了把这个好消息迅速告诉给全体人民,士兵斐迪辟从马拉松平原不停顿地一口气跑到雅典城去报捷,全程长达42195米,斐迪辟因过累死去。为纪念这一历史事件,1896年在希腊雅典举行的近代第一届奥林匹克运动会中,就以这个距离作为一个竞赛项目,定名为马拉松赛跑。

在我国,这方面的记载也不少。据《左传》记载:公元前510年,大军事家孙武在训练吴国军队时,让战士身穿甲胄,平执戈戟,进行长距离奔跑,然后宿营,这样训练了7年;公元前506年,吴楚之战中,吴王选出了3000名善跑的战士组成前阵,长途奔袭,出其不意地击败了楚军;《荀子·议兵篇》记载:魏国为了提高军队的战斗素质,命令士兵全副武装,身背干粮,每天奔跑100里。后来的兵书,也都强调要把战士训练成能"愈高超远"、"轻足善步"、"走如奔马"的强兵。

古代奥运会,一开始的时候以赛跑为主,比赛项目很少。以后,才逐渐增加了标枪、铁饼、角力、马术、拳击等项目。可以这样说:跑,是体育运动的"源",体育运动是在跑的基础上发展起来的。

1982年10月，北京举行了一次体育爱好者马拉松赛跑。参加比赛的人群中有几个年逾六旬的老人。其中有一位医生，6年前他在长期患有肺结核的情况下，冠心病又一天重似一天，不得不住院治疗。在住院期间，心绞痛仍频频发作。在这种情况下，他开始了慢跑锻炼。一开始跑二三百米，一个月后，病情好转，于是他逐渐增加跑步的距离和速度，3年后，他已顺利地突破3000米大关。这次比赛，他用4小时57分9秒的时间跑完马拉松全程，跑后自我感觉良好，心电图正常。同这位老医生一起参加比赛的还有一位63岁的中学退休校长，他曾于1978年因患脑血栓右侧偏瘫，长跑促使他的右腿迅速恢复正常，4年中，他坚持锻炼长跑，终于跑完了马拉松全程。

他们为什么可以通过跑步治愈疾病呢？这还要先看一下他们怎么得的病。

近几十年来人们不遗余力地在研究：为什么心血管病和精神病大大增加，中风、动脉粥样硬化、高血压病、心脏局部缺血（心绞痛）已逐渐成为我们这个时代的一种灾难？医学家认为，不太活动的生活方式和精神过度紧张是发病的主要原因。

要消除这个病因就必须参加锻炼。而且要从青少年时期就开始锻炼。由于长跑不受场地、环境条件的限制，同时又是一种全身性的运动，因此深为广大群众所喜爱。

长跑运动员王军霞

长跑的好处首先表现在可以锻炼人的意志。冬有三九，夏有三伏，要想在这样的环境中锻炼，就非要有吃苦的精神不行，这种精神的培养，无论对学习，还是对工作都是十分有益的。周恩来总理是一个意志非常坚强的人，这同他年轻时坚持长跑锻炼是分不开的。

第二，长跑能够增进内脏器官的机能，尤其是循环系统、呼吸系统的机能。长跑因为时间长，强度较大，属于有氧代谢，如果长时间地坚持，日复一日，心脏功能就会得到提高，呼吸机能也会得到改善。经常参加长跑的人比一般人的心跳慢，每次搏动的血输出量大，呼吸缓而深，这些都是体质增强的重要标志。

第三，长跑可以提高人的耐久力（即长时间进行体力或脑力活动的能力），干起工作来不易疲劳。工作时大脑皮层神经细胞是最先出现疲劳的，然后才影响到心脏、呼吸器官和肌肉。耐久力提高，首先也就表明身体的神经系统的机能的改善，能够适应长时间、较大强度的活动。因此常练长跑的人，精力充沛，工作效率高。有神经衰弱的人练长跑，常常可以不治自愈。伴随着神经系统机能的改善，身体其他内脏器官和全身肌肉的耐久力也会随之而提高。

第四，长跑还能促进新陈代谢，改变消化系统的活动状况，使肥人变瘦，使瘦人变壮。

第五，长跑还是一项很好的医疗体育项目，因为长跑可以提高身体各器官的功能，改善机能废退现象。

长跑锻炼有益，但是如果不注重科学的锻炼方法，也会给你带来坏处，下面提出几点注意事项：

1. 运动量的循序渐进和锻炼的持久性是提高长跑效果的两项基本原则。如果在长跑运动中采取时断时续或求之过急的蛮干做法，对身体是不利的。

2. 做好锻炼前的准备工作。锻炼时，要根据季节穿好衣服。冬天要注意保暖，夏天要注意防暑。衣、裤、鞋、袜均要合体。跑前要做好准备活动，以促使身体发热、肌肉舒展为度。

3. 长跑过程中，要遵循轻松、协调、平稳和坚定四条基本要领，不断提高长跑的技术水平。

轻松，就是要求在跑的过程中，一是用力要轻松，如后蹬、趴地等，要顺着身体的惯性用力，不要紧张和用力过猛，自然协调地推动身体前进；

二是上、下肢的摆动要协调轻松,这样可以充分利用惯性的作用,节省体力;三是脚落地要轻松,轻松地落地能减少着地时的制动作用,又能利用前进的惯性;四是心情要轻松,心情紧张,会使呼吸、动作节奏产生紊乱。

协调,是肌肉紧张与放松正确交替进行和各部分动作密切配合的结果。长跑过程中,有了轻松的前提,才会有相互协调的可能。

平稳,指运动中身体重心要平稳,不要起伏过大或左右摇摆。跑的速度也要均匀而平稳,不要忽快忽慢。

坚定是针对信心而言。因为长跑会使人产生一定程度的疲劳,也可能遇到不太好的天气,只要有了坚定的信心,就可以克服一切不利因素,使长跑锻炼坚持下去。

4. 长跑运动的呼吸。一般情况下,应尽量用鼻子呼吸,这样吸入的空气,可以通过鼻腔给以净化和变暖。当运动量较大,感到用鼻子吸气不能满足需要时,才可采用混合式呼吸的方法(即口半开,牙合拢,用齿缝和鼻子同时吸气)。长跑时,呼吸要慢而且深,一般采用两步一吸,两步一呼的方法较好。呼吸动作必须按一定的节奏与两腿动作的频率配合进行。

5. 在马路上跑步的注意事项。在马路上跑步,首先要注意安全,要选择车辆少而宽敞的地方,靠路的右边跑,以免妨碍交通和发生事故。在视线不清的雨雾天和容易滑倒的冰雪天更要小心。此外,马路比较硬,跑步时要前脚掌先着地,然后再全脚落地。最好穿有海绵垫的鞋。

6. 长跑锻炼最好能安排在早晨,因为早晨空气新鲜,更有利于增进身体健康。晚上,特别是睡前一般不宜练长跑,以免影响睡眠。饭前、饭后半小时内不要练长跑,以免损伤肠胃的健康。

7. 女青年月经期间练长跑,要根据个人的具体情况来确定运动量。一般情况下,月经期应减少运动量,跑的速度和距离要有所控制。但是,对经常练长跑并有一定训练水平的女青年来说,如经期锻炼后无特殊不良反应,行经正常,月经期可以照常锻炼,

8. 运动量较大的长跑锻炼或比赛、运动结束后;不要马上停止活动,而应逐渐放慢速度直至最后停下,这样有利于消除疲劳和防止脑贫血等

现象。

从历史上看，世界上许多国家都是非常重视体育锻炼的，因为体育锻炼不仅可以提高军队的战斗素质与人民的健康水平，而且还可以振奋民族精神。

全民体质的强弱是一个国家强盛与否的重要标志。随着旧中国的消亡、新中国的建立，我国人民的身体素质已经发生了显著的变化。我们不仅洗雪了"东亚病夫"的耻辱，而且以体育大国的雄姿，跻身世界，成为国际体坛上一支引人瞩目、不敢轻侮的力量。

青年一代是祖国的希望与未来，青年一代的健康水平同祖国的命运紧密地联系在一起。我们应该清楚地认识到这一点：锻炼身体，增强体质，是我们对祖国义不容辞的责任。

二、游泳的益处

游泳是一项非常古老的体育运动。从已出土的五千多年前的古代陶器上，我们就可以看到雕刻着人们潜入水中猎取水鸟的情景，其动作形态很像现代的爬泳。我国最早的诗歌总集《诗经》中，就有"泳之游之"的诗句。《管子》、《孙子》等古书中都把游泳当作军事训练的重要科目。关于游泳的记载，在我国历史古籍中都能见到。由此可见，游泳在我国不仅有着悠久的历史，而且也是受到人们喜爱的运动项目。

那么，游泳究竟有哪些好处呢？

1. 尽管夏天气温高，但天然水域或游泳池内的水温都低于气温和体温。游泳时，冷水不断地刺激人的感觉神经束梢，引起神经中枢兴奋，使皮肤血管扩张。长期坚持游泳锻炼，可以使人体逐渐提高对寒冷和温度变化的适应能力，增加对感冒等疾病的抵抗力。

2. 人在游泳时，身体处于水平姿势，全身大部分肌肉都参加了工作，游泳时水还不断地冲击皮肤，起到按摩皮肤的作用，从而促进了血液循环。长期坚持游泳锻炼，可以使胸部肌肉和心肌更加发达、血管壁增厚、弹性增加，使心血管系统的功能提高，并对心脏病和血管硬化有一定预防作用。

3. 水的密度比空气密度大得多（约大 820 倍）。游泳时，水对身体的压力也大大高于空气对身体的压力，因此人在水中呼吸要比在陆地上吃力得多。游泳锻炼必然要加大呼吸肌的负担，时间长了，就会使胸部肌肉更加发达并加大胸廓的活动范围，调动更多的肺泡参加工作，从而提高肺活量。通过调查表明，在所有运动项目中，游泳运动员的肺活量最大，可达 7000 多毫升；胸围的呼吸差，一般人只有七八厘米，而游泳运动员可达十四五厘米。

4. 游泳是一项全身性的运动项目，它不但有利于提高血液循环系统和呼吸系统的功能，而且还能促进身体各部分肌肉（特别是上下肢和腹、背肌肉）逐渐发达起来。它不但可以提高人体的力量、速度、耐力、弹跳、灵活性等方面的素质，而且还是一项最佳的健美运动。

游泳运动应该注意以下几个问题：

1. 游泳前要进行健康检查。为保证安全和防止传染病，凡是患有心脏病、严重高血压、肺结核、传染性肝炎、严重皮肤病、癫痫以及其他传染病的人都不能参加游泳锻炼。

2. 下水前要做好准备活动，以提高大脑皮层和肌肉的兴奋程度，使人体各器官的机能提高到适应游泳时的需要从而可以预防或减少肌肉拉伤及抽筋（肌肉痉挛）的发生。

3. 饭后不要立刻下水游泳。因为，饭后正是消化器官集中对食物进行消化的时间，如果这时游泳，各运动器官就会抢去大量的营养，减少消化器官的血液供应量和消化液的分泌，影响消化功能。饭后立刻游泳，还会出现腹痛等症状。

因此，游泳的时间最好安排在饭后一个半小时之后进行。

4. 参加剧烈的体育运动后，不能立即下水游泳。因为剧烈运动后，体温高，身上有汗，如果这时候下水，会因体温与水温之间的温差大，使身体受到强烈的冷刺激，容易引起感冒和抽筋。因此在剧烈的运动后，要安静地休息一会儿，等体温接近正常，出汗停止后再下水比较适宜。

毛泽东少年时代就身怀大志，学习刻苦，意志顽强。为了心中伟大的目标，他一直在进行着有恒心和自觉的体育锻炼。

毛泽东

毛泽东最喜爱的体育锻炼项目是游泳。早年在长沙求学时，他把湘江作为体育锻炼的最好场所。在人们穿上棉衣还难以抵挡寒冷的冬天，他照样能在江里游上几十分钟。年轻时代的毛泽东曾发豪言壮语："自信人生二百年，会当水击三千里。"

解放后，毛泽东同志仍然坚持游泳运动。1958年1月，党中央在南宁召开工作会议，64岁高龄的毛泽东百忙之中，在北风凛冽、寒气袭人的邕江上，畅游了半个钟头。游完上船后，他仍精神抖擞，谈笑风生。

长江历来被人们视为天险。江中有急流多处，江面上常有4～5级风。而毛泽东曾先后13次横渡长江。1966年横渡长江时他已是73岁高龄。其间，写下了"万里长江横渡，极目楚天舒。不管风吹浪打，胜似闲庭信步"的豪迈诗句。

毛泽东把游泳当作锻炼身体、磨砺意志的实践，一直激励着千千万万的后来人，激励着我国游泳健儿不断拼搏，终于摘取了奥运会多个游泳项目的桂冠。

三、打乒乓球的益处

乒乓球是国人引为骄傲的"国球"。

乒乓球运动由网球演变而成。英文中的"乒乓球"一词直译就是"桌子上的网球"。

打乒乓球能使人获益很多。首先,乒乓球的运动速度很快,运动距离又短,这就要求运动员头脑灵敏,反应迅速,遇事当机立断。从对方击球开始,到决定自己的接球位置、击球手法、角度、出手的分量等,一切都要在一瞬间完成。因此,打乒乓球能提高神经系统的功能,使身手变得更加矫捷灵巧。

乒乓球运动员郭跃

其次,由于乒乓球飞行速度很快,使得运动员的视觉器官得到很好的锻炼,变得眼明手快。

另外,打乒乓球能锻炼体质,增强耐力,步伐变得十分灵活。运动员不但要不停地移动脚步,还要不断地用力挥臂,这对上下肢耐力的锻炼有很大的作用。

现代年轻一代的中国家庭,多数只有一个子女,父母倍加疼爱。有的父母不愿让孩子参加体育运动,不愿让孩子进行户外活动。怕出意外,怕晒黑了皮肤,怕……是啊,如今的家庭,生活条件优裕,家中录像机、电视机、游戏机应有尽有,为什么还要进行户外活动呢?

其实,多让孩子到户外活动,充分利用大自然环境中的阳光、空气等,不仅有益身体健康,提高适应外界环境变化的能力,而且还能陶冶儿童的情操,培养良好的意志品质。

户外空气一般都较室内要新鲜,新鲜的空气中的氧气丰富,阴离子浓度高,在这样的环境下进行一些体育活动,可提高锻炼的效果。而且一年四季气温有冷暖变化,户外活动,可提高人体的适应力。

阳光,也是少儿需要户外活动的一个重要原因。处于生长发育阶段的少儿,多接触日光,可促进血液循环,不易得软骨病。另外,阳光中紫外线的杀菌作用,还能增进皮肤健康。

现在的中小学生,学习负担较重,每天除了课堂就是家里,体质健康和精神健康状况都有所下降。这就格外需要多到户外活动活动。俄国生理学家巴甫洛夫说过:"健康就是人体跟自然界的平衡。"人来自大自然,应该回归大自然。

四、快步走

1. 快步走

1992 年,世界卫生组织提出"最好的运动是步行"。作家富兰克林·格林说:"步行锻炼是令人愉快的事情。"他认为步行锻炼能使人心神安静,思维敏捷。2000 年,世界卫生组织总干事布伦兰特又一次强调:步行是最简单便捷、最有效的体育运动,可以预防高血压、糖尿病和其他心血管疾病等。

"可疾步者,腿必健"。能"陕走"的人,腿脚肯定会非常好;"走"可以强健双腿。身健由腿健而起,腿健因走而得!

每走一步能给我们带来什么呢?

每走一步,至少可推动人体 50% 的血液有效地流动起来。因为人体

50%的血（除卧姿外）集于下半身，能有效地"活血化淤"。每走一步，至少可挤压人体50%的血管。因为人体50%的血管集于下半身。"走"是最简单的"血管体操"，有保持血管弹性、平衡血压之效！每走一步，至少可运动人体50%的肌肉。因为人体50%的肌肉集于下半身，走有保持肌肉总量之功，可远离糖尿病及降低糖尿病的伤害。每走一步，至少可锻炼人体50%的骨骼。因为人体50%的骨骼集于人的下半身，多行骨健。每走一步，至少可按摩人体50%的经络。因为人体的肝、胆、脾、胃、膀胱、肾六条经络由腿而生。每走一步，至少可锻炼人体50%的神经。用走步锻炼健身，可使人体内产生一种叫内啡肽的物质，它会使人体产生愉悦感和满足感，可起到"良性宣泄"的作用。每走一步不但可保持健康，多走还会帮助我们储蓄健康！

2. 快步走的基本要求

"走"对每一个人来说再熟悉不过，而熟悉的却往往被忽略。人们在走步过程当中的很多习惯存在问题。大家在走步当中的一些习惯性动作，不但不会给我们带来健康，反而会带来更多健康上的问题。比如说行走的身体外部姿态，走路时的用力模式，包括走步的目的是为了什么等等。

（1）走姿

在日常生活中，经常可以见到很多人在走路时弯腰驼背的身影。这样的走路姿态后患无穷，尤其是对脊柱所造成的伤害很难挽回。走步的正确姿势应该是挺胸抬头，身体挑直，四肢配合，协调用力。每一步都应向高走，尽可能调动更多的肌肉、更多的骨骼参加进来，同时注意手臂的有效摆动，让全身都来"参与"走步。这样会使人走得更协调，更稳健，走起来给人的感觉也不再是软弱无力，而是身形矫健，精神抖擞。走姿是健走的基础，没有一个良好的外部姿态，健走就无从谈起。希望每一位朋友在健走之始就用正确的走姿迈出"有氧健身走"的第一步。目前常见的错误有：含胸驼背、曲胳膊弯腿行走，这种走姿是错误的。正确的步态就是要精神而且挺拔。

（2）节奏

健走时需要注意节奏。走步的时候没有节奏。很"放松"地走对于健康而言，收效甚微。要避免这个错误，有一个非常简单的方法：在走的时候，心里唱着一首歌，这首歌就是我们非常熟悉的"雄赳赳，气昂昂，跨过鸭绿江……"这首歌的节奏和节拍可谓正是为走步而设计。当我们在唱着这首歌去走步的时候，会感到身体的运动非常富于节律。用这种方法持续走半个小时，会使全身的骨骼、肌肉得到充分有效的锻炼，给身体带来的刺激远远比那种"放松"地溜达两个小时更有益于健康。因而注意有节奏的"走"，是有氧健身走的关键。

（3）步法

脚跟着地，滚动到前脚掌，以脚趾发力蹬离地面，结束一个单步。这里要强调的是每走出一步时，都要主动地用脚趾发力蹬离地面。这样做有两个意义：第一增加运动的能量消耗，第二是提高脚踝和脚趾的力量。这一点对提高老年人的行为能力（防止摔倒）有着非常重要的意义，对于防止高发于女性的拇指外翻有很好的效果。行走时身体重心变化也是一个重要的因素。严格地讲，老年人行走时不能双脚走在一条直线上时，说明此人的神经系统出现了问题。如小脑萎缩，或大脑出现某种疾患，或脑萎缩。因此，在健走运动中，锻炼者的每一步一定要走在直线上。

（4）步频、步幅

①放松走（散步）：路程不少于2千米；散步频率不低于50~70步/分钟；步态放松；每周3~5次。

方法：在前5~8分钟做深呼吸和双臂向前向上慢速伸展运动，轻轻地左右转动头部。转动髋关节并做腰部左右转动。当步行10~15分钟时，应注意提示自己要"放松"，目的是消除心理紧张。

放松走时身体从头、肩到腰部要保持垂直状态，而由髋到膝盖和脚成一条直线。目光盯着前面15~20米远的地方。尽力保持优美、轻松的步伐（步行速度为20~25分钟/千米）。

放松走不但能消除肩膀和背部及腰腹肌、臀肌、腿部肌肉的紧张，还能消除一种应激激素（也就是紧张时造成恶心的那种激素），增加使人睡得香甜的镇静激素内啡肽的数量。所以，每运动一次，就如同为自己的身体搞了一次"大扫除"。

②快步走：其动作特点是：步频快、步幅大、摆臂有力、节奏感强，前脚跟领先着地的动作明显。快步走时，上体姿势基本是正直的，眼看前方，颈部肌肉放松；每一步中支撑腿要伸直；髋关节积极前移；脚跟领先着地，并全脚掌方式支撑着地；两臂在肘部弯曲成90°，左右臂在体侧前后以肩关节为轴用力摆动。

快走路程：3～5千米；步频约150步左右每分钟；步态平稳向前；每周3～4次。

方法：先以正常速度步行5～8分钟，然后降低速度步行1分钟。再开始加快步伐，此时把胳膊稍弯曲，注意集中在肘关节的前后摆动。为了提高速度，可增加步频（不要加大步伐）。这时，呼吸开始加快，吸气时要慢吸并提扩胸腔，而呼气时用力快速吹出。在快步走中可控制在三步完成吸，第四步快呼，目的是通过主动的呼吸方式：第一，获取最大的吸氧量；第二，增加胸腔运动，使肺部受到"良性"牵拉，对保持肺部的弹性有一定的意义；第三，通过有氧健身增加一种名为高密度脂蛋白的"好"胆固醇，而高密度脂蛋白又反过来降低患心脏病等心血管疾病的风险。

目标心搏率的计算：简单步骤计算所需的运动强度，即晨脉或安静时脉搏分别乘以1.4～1.8，就可得出适合中老年人目标心搏率的上限和下限。以60岁的女性为例，其安静时脉搏每分钟70次，计算方法是：70×1.498，为心搏率的最小估算值。而其目标心搏率的下限为98次，而上限是70×1.8=126。如果心搏率每分钟低于98次，就应该加大运动速度，如果心搏率每分钟超过126次，就应该放慢运动速度。

快步走运动对心肺功能、有氧代谢和无氧代谢能力等专项素质提高意义非常大。如果经常坚持快步走，将减少罹患高血压、糖尿病、胆囊炎、心脏病和肥胖症的可能性。最新研究表明，体重过高的人如果经常锻炼，将比活动少的瘦人寿命更长。

③变速走

a. 均速走（速度自定，走程可设时间段 10 分、20 分、30 分、1 小时等）：

开始先慢走 2~3 分钟——均速走——放松走 1~2 分钟。

b. 均速间歇型（初速度自定，全程可设时间段 10 分、20 分、30 分。每次间歇时间为 1 分钟，跑动段可分为 1 分、2 分、3 分钟）：

开始先慢走 2~3 分钟——均速快走 1~3 分钟——慢走 1 分钟——均速快走 1~3 分钟——最后放松走 1~2 分钟。

c. 非均速间歇型（初速度自定，全程可设时间段 10 分、20 分、30 分。每次间歇时间为 1 分钟，跑动段可分为 1 分、2 分、3 分钟，中速是初速 1.2 倍，高速为 1.5 倍）：

开始先慢走 2~3 分钟——中速走 1~3 分钟——慢走 1 分钟——高速走 1~3 分钟——最后放松走 1~2 分钟。

d. 金字塔形（初速度自定，全程可设时间段 10 分。每走前要有低速预走 3 分钟，走动段可分为 1 分钟 1 段，每段升高初速的 10%，最高提升 5 次，然后按原有方式下降初速）：

开始先走 2~3 分钟——增速 10% 走——再增 10%——再增 10%——减 10%——再减 10%——减 10%——最后放松走 1~2 分钟。

④长走：当您去参加越野运动时，"长走"就是其中的项目。

第一，接触大自然，不同的环境会形成特殊心境；

第二，变化的环境条件往往会造成不同的身体感受，如：丘陵中高低错落走、野外雨中行等；

第三，结伴越野走更有互相激励之情。

参加越野走一定要注意选择环境，把握走的强度，尽可能加大呼吸深度。目前，越野走运动在国外非常流行。周末，穿上运动装去野外走一走，既锻炼身体又是一种缓解身心压力的好办法。

⑤大步走：大步行可以明显地提高腰、腿部的力量，增强耐力及身体的协调平衡能力等，对心、肺功能刺激较大，增强抗病能力。在有一定行走基础前提下，可以适当加长运动时间或增加行走距离。这样可以有效消

耗更多热量。长期练习，可以减脂，促使身体恢复正常。在进行大步走锻炼过程中，腿部大肌群有一定的负荷，血液的循环使更多毛细血管张开，加强氧交换，增强新陈代谢，人体对胰岛素的敏感程度也得到加强。这一点有利于更好地控制血糖水平，对糖尿病人的康复有促进作用。

练习大步走时：

首先要注意循序渐进，切不可突然加大运动量和运动强度，从几十步走起。慢慢增加。

第二要掌握好步距，先丈量出自己通常的一步长度，然后增加20厘米。

第三最好在大步走前少吃一些食物或在饭后1小时开始大步走。以免低血糖。

第四病情较重者，不宜进行大步走锻炼，如微血管病变、大动脉硬化病变、血糖不稳定等情况。另身体较虚弱，并发症较重者，也不宜进行此项运动。

总之，通过大步走运动方式进行锻炼，对糖尿病人的康复有着较为积极的意义，只要方法得当，就会取得满意的效果。

五、骑单车

说起骑"自行车"，几乎人人都会。但骑车上下班与骑健身车有一定的区别。下面介绍的"骑车运动"有两类：一是骑健身车；二是越野骑车。

骑固定式健身车虽然没有完全的自然效果，但它既健身又增添生活的乐趣。尤其是对心脏的功能锻炼及对心脏病后、术后的康复作用应引起人们的关注，骑"健身车"运动是一项适合大众的健身项目。

（1）介绍几种简单的健身性骑行方法

①自由骑行法：通常是户外周末骑行，不限时间，不限强度的一种骑行。主要目的是放松，放松神经，放松肌肉。放松呼吸，从而达到缓解由于生活、工作压力所引起的身心疲劳。

骑车运动

②强度骑行法：一般具体做法有两种，一是规定好每次的骑行速率（公里/小时），如用每小时20公里的速度骑30分钟。二是规定自己的脉搏强度来控制骑速，如用每分钟120次的脉搏去骑行30分钟，这种骑行方法对心肺的刺激很大，可有效地锻炼人的心血管系统。

③间歇性骑行法：快慢交替骑行，如先慢骑5分钟，然后快骑5分钟，再慢骑5分钟，接着快骑5分钟，循环几次。可有效锻炼心肺功能。

④力量性骑行法：健身车本身能模拟不同的地势条件，如上、下坡等，根据不同的条件用力骑行，可有效地提高双腿的力量或耐力素质。这种方法不但可提高双腿的能力，还可有效预防大腿骨骼疾患的产生。

⑤有氧性骑行法：主要以中速骑行，一般要骑行30分钟左右，用此方法锻炼时还应注意加强深呼吸。此方法对减肥有特效，同时对心肺功能的提高有很好的作用。一周训练计划举例：周一：自由骑行；周二：强度骑行；周三：有氧性骑行；周四：自由骑行；周五：力量性骑行；周六：间歇性骑行；周日：休息。

(2) 骑健身车运动的注意事项

①每次骑行前一定要进行热身性慢骑。当身体开始发热后，再进行各种强度练习，目的是提高内脏系统兴奋性，从而防止心血管系统出现问题。

②每次骑行后最好做记录，包括骑行时间、速率、脉搏及身体感受等，可帮助总结出一套适合自己的最佳锻炼方法。

③女性在经期避免强度骑行。

④患病者进行骑车锻炼时，一定要听从医嘱和接受有关专家指导。

骑车的确是一项不可多得的健身运动,如果因为工作而抽不出时间进行骑车锻炼,不妨每天坚持骑自行车上下班。其实关注健康只要人人用心,一定能找到解决问题的办法。

六、跳绳运动

在各种健身运动中,世界各国的健身运动专家格外推崇跳绳。他们认为:

(1) 人人适宜的运动

跳绳花样繁多,可简可繁,随时可做,一学就会,特别适宜在气温较低的季节作为健身运动。而且人人适宜。

从运动量来说,持续跳绳10分钟,与慢跑30分钟或跳健身舞20分钟相差无几,是一种耗时少、耗能大的有氧运动。

曾有人对一群19～42岁的职业女性做过实验。发现她们每天跳绳5分钟,一周5次,坚持一个月后,下午容易困乏的现象就消失了。从运动医学的角度来看,跳绳确实能使人快速进入运动状态,短时间内放松精神。适度的跳绳可以消除疲劳。

跳绳比赛

有人认为跳绳容易伤到膝盖。一名研究运动员损伤的大夫经过多年的研究表明:跳绳对膝盖的冲击力量只要注意前脚掌着地,对人体的冲击力是相当小的。这样的跳跃震动如果能长期坚持,不但能强化心肺功能,还能提高人体下肢膝关节、踝关节、脚趾关节能力。

有资料表明，如果每分钟跳绳120下，一个小时就可以燃烧600多卡热量，它是一种危险性小，减肥效果显著的运动。

（2）对人体健康具有保健功能的运动

跳绳本身属有氧运动模式，能增强人体心血管和呼吸系统；可以预防（或作为治疗手段）诸如糖尿病、肥胖症、高血压、高血脂等多种代谢性疾病；运动中通过对生理机能的刺激及心理的调节作用，可辅助治疗失眠症、抑郁症、肌肉萎缩、下肢关节炎、骨质疏松、更年期综合征等多种疾病。

（3）对女性健康影响

跳绳对女性有独特的保健作用，对哺乳期和绝经期妇女来说，跳绳还兼有放松情绪的作用，也有利于女性的身心健康。向大家推荐适合女性健身者的一种"跳绳渐进计划"。初学时，仅在原地跳1分钟；3天后即可连续跳3分钟；3个月后可连续跳10分钟；半年后每天可实行"系列跳"（如每次连跳3分钟，共完成5次）。直到一次连续跳半小时。这样的运动与慢跑90分钟消耗的热量相当，是女性理想的瘦身有氧健身运动。

（4）对男性健康影响

跳绳对男性的独特保健作用在于跳绳中用脚踝发力把人弹起来，着地时对男性前列腺形成良性振动，可称为对前列腺的"良性按摩"。

（5）空手跳绳

空手跳绳就是在家中或办公室徒手跳，方法非常简单。可先准备一块稍厚一点的地毯，然后赤脚跳，可双脚同时跳也可单足交换跳，空手跳绳有利消减腹部脂肪，对呼吸系统、心脏、血液循环都有良好的作用。

现代运动医学发现，跳动中所形成的"震动"对人体健康可产生许多独特的有益作用。我们的祖先早就不自觉地运用有益于健康的良性"震动"了，例如"叩齿"动作，即令上下两排牙齿相叩碰20~30次，使牙齿根局部血液循环得以改善，从而达到固齿之功。慢性盆腔炎是妇科常见病之一，它顽固而易复发，然而利用振动防治却颇见奇效。其方法是：以脚尖为支撑点，先将臀部轻轻抬起，再轻轻落下，如此反复振动20次，长期坚持，效果明显。

值得一提的是主动而有意识地利用振动原理来锻炼身体，往往能有较好效果。譬如弹跳运动对骨骼、肌肉、肺及血液循环系统都是一种良好的锻炼。此外，这种运动还对免疫系统的重要部分——淋巴系统有益。淋巴液的流通不像血液那样靠心脏泵送，而是靠呼吸施加压力将其"拥挤"向前。弹跳运动能使淋巴液不停地流动。德国、瑞士学者认为：跳跃震动能增强淋巴细胞，而淋巴细胞在人体免疫系统中有着重要的作用。

七、踢毽子

"人老先老腿"是大家最为熟悉的民间俗语。人一旦过了中年，腿先走"下坡路"，腿部功能日渐退化，是生命进程中的自然规律。但只要加强腿部的运动和锻炼，便可以延缓衰老的进程。延缓腿部肌肉衰老的方法很多，如慢跑、散步、骑车，等等，都可以达到锻炼目的。要想既达到锻炼目的，又有一定的观赏性和娱乐性，就数"踢毽子"了。它能让更多的腿部肌肉得到锻炼，不仅可以防止腿部肌肉过早衰退，而且对人的身心都有好处。

（1）踢毽运动健身强体的主要机理

5分钟踢毽运动超过了5分钟跑步（1000米）的运动量。

慢跑5分钟（跑1000米），心率可增加63次/分钟。

踢毽子

踢毽5分钟（踢500次），心率可增加75次/分钟。

脚是离心脏最远、位置最低、最易供血不足的部位，也是人体中最易开始老化的部位。踢毽子可以充分活动下肢，延缓腿部衰老的进程。从中医学角度讲，脚是足三阴经、足三阳经的起止点，足踝部有60多个穴位。

踢毽可以进行足部按摩。改善微循环系统，开启抗衰老的密码。

踢毽是全身运动，对于心血管系统、呼吸系统、排泄系统、内分泌系统、肌肉骨骼系统等都有好处。踢毽运动练的是柔软如婴的功夫，在运动中可以不知不觉地达到健身、强体的目的。

从人体的血液循环特点上看，静脉血的回心过程是依靠肌肉收缩来完成的。除卧姿外，血液总量的50%都在下肢，每一次的腿部运动，腿部的收缩都等于有节奏地将血送给心脏，因此有人形容双腿肌肉有节奏的收缩等于人的第二个心脏。

据医学家考证，许多百岁以上的老人几乎都有一个共同的特点，就是"热爱劳动，两腿勤快"。

（2）毽子的四种基本踢法：

①盘踢（足内侧踢）

用两足内侧互换踢毽。胯、膝关节放松，大腿外旋。小腿向上摆动，踝关节发力，用足内侧将毽子踢起，触毽部位为足内侧后1/2处。

②磕踢（膝盖踢）

用两腿膝盖互换将毽子踢起。胯关节放松。小腿放松下垂。足尖指地，大腿不可外张或里扣，膝关节发力，触毽部位为膝盖四手指宽处。

③拐踢（足外侧踢）

用两足外侧踢毽。大腿放松，小腿向体后侧上方摆动，勾脚尖，尽量让足外侧面平，小腿摆动不可过高，踝关节发力将毽子踢起，触毽部位为足外侧后1/2处。

④绷踢（前脚面踢）

用两足前脚面足尖外三趾处将毽子踢起。胯、膝关节放松，大腿稍抬，带动小腿向正上方摆动，小腿带动踝关节向上摆动，勾脚面，将毽子踢起。

营养增强身体素质

所谓营养

一、营养

营养指食物所含的养分、生物从外界摄取养料滋补身体以维持其生命。是每个人切身有关的事,营养能决定你的思想、行为及感受。你是忧郁或愉快、漂亮或丑陋、心理和身体上的年轻与衰老等都与营养有关系。你的思路清晰或混乱、工作得意或苦恼、充满活力或是无精打采,也都与每天的营养有关。由每天所吃的食物,可决定你一天工作完后,是轻松愉快,或是筋疲力尽。总之,营养可决定你生命的意义,个人成就的大小。

营养学是研究吃下的食物,对人体所产生功能的学问。它常被人们误认为是研究该吃什么食物的食疗学。营养学是与每个人都有关系、又有趣味的学问,然而却常被人所忽略,是何原因?原因很多,例如它是一门新兴的科目,常受到轻视。

对食物没主见及好奇的人,就把营养学残忍的一脚踢开,这些人毫无科学训练,观念偏激,而且易受广告的欺骗,他们不但否定了专家的建议,而且也常影响使想了解营养的人不去理它。

这类对食物没有主见的人,往往是过分热诚与天真的人。有人曾说无论是上帝或者是营养,都是美丽的谎言而不足相信。他们把美味列为饮食的第一条件,对健康有无益处,则不加考虑。可是一位不健康的人,再美味的食物也是吃不下的。对营养学研究得越多,越相信身体健康的人,吃什么食物都会觉得美味可口。

我们对食物应有正确的观念。不喜欢的食物就不吃,这是不对的。进一步说,凡是于健康有益的食物,不论好恶都应该吃,才是正确的观念。我们要学习吃那些味道虽不好,但对个人健康极有益的食物,只要我们由少许而渐渐多吃,就会养成习惯及爱好了,例如咖啡和酒,任何人第一次喝时都会觉得苦涩难咽,但习惯以后,则非尽兴不可。

假定你缺乏了某种营养,也认为吃些好的食物会有用,有人建议你吃些不喜欢的食物,但因为很难吃,于是你又改吃你喜欢的食物,终因营养缺乏,致使生命受到威胁,这是谁之过呢?如果那个人给你吃可口而又营养的食物,就不会有这种事情发生了。因此选择食物的标准:一是可口美味,二是有益健康。

二、人类对营养的误解

营养的知识,未被多数人所接受的另一原因,是我们的食物消息与知识常来自商业广告。食品商想让我们买他们的产品,就大力做广告。这类高度精制的食品,比天然食物包装漂亮,运输与储存也都方便,消毒杀菌完全而不易腐坏,但事实上里面所剩的营养则很少了,吃下去对健康的益处不大,可是广告上却夸大地说营养丰富。

另一项使人不太相信营养的原因,是它不能"立竿见影"。我们只能说吃某一种食品,比另外一种好一些。

再进一步来说,大家不重视营养的价值,是因为大多数人都易受欺骗。在目前的一般观念,人们都相信头疼要用阿司匹林来治疗,因此人们也相信某些溃疡或其他的毛病,也可以藉某种维生素丸或药物治好,以致很多人以为只要吃复合维生素丸,就能去除百病维护身体健康了。这种万灵丹也可能制成,但它的体积起码也要像棒球那么大才行。

另一项大家不相信营养的原因,是有关此类消息大量的增加,例如有人说他吃了高蛋白的食物，当检查了这类食物，发现只有国家研究营养机构所订标准的三分之一，因此像这种自以为营养充足的人，常会是营养缺乏的人，同样的错误消息，一知半解的知识广泛传播后，就会造成人们对营养不求甚解了。

三、营养与心理问题

一般人不重视营养最主要的原因，是吃东西与情绪或身份方面发生了关系。多数人把吃东西与快乐、痛苦、奖赏、处罚等连在一起。

例如一个幼年贫困的人，他长大后可能也有机会吃比较营养的食物，但是他不愿意吃，例如带麸皮的黑面包比白的营养好，可是他看有钱有地位的人，都吃白面包及白糖，他为了身份问题，也跟那些人学，而且还把白色与清洁连在一起，像护士的白衣服、开刀房等。

也有的人一看到橙子汁，就想到海狸油难闻的气味。一位精神病专家说，他的病人讨厌牛奶的原因，是恨他母亲强迫他喝牛奶。对于食物的好恶，很多人常有心理与情绪上的原因。

在理论上说，我们对有营养的食物，都不该讨厌，而且要把理论付诸实施，我们对某种食物都有好恶的反应，而且多不愿改变，就是我们尽力想改，也多属不可能，类似这种情况都是心理因素作祟。

四、医生对营养的认识

还有一种忽视营养的原因，就是我们认为医生能保障我们的健康，例如医生没有提到某些营养，自己不注意这些营养是很自然的事。我们要知道，医生所学的主要是医学，自从他们入医学院开始，至实习为止，他们基本上所研究的是疾病而非健康，虽然很多医生对营养学很杰出，但医生主要的工作是利用医术把病人的病治好，使害重病的人保持活命，可是营养学则是使人保持健康，并防止生病。

现在一般的医学院，虽然也有营养学的课程，但是只能学到一点皮毛，根本无法学得很深入，他们学营养学，是为了治某些所谓营养不良引起的疾病，但是这种病却很少是单独发生的。因此医生们低估了营养，所能告诉病人的营养知识，不是简陋的就是不正确的，而且他们以为药物可以代替食物的营养。

医生们常因超量的工作，而使身心极度疲倦，他们还要继续对新发现的病菌、新荷尔蒙、新手术、新病理等加以学习研究。他们多数为好医生，但他们常会有同样的怨言，就是"为什么我们的教授，没有告诉我们食物营养这样重要呢？"对他们来说，就是有时间，也不可能再去研究营养了。

营养学不受重视的最后一项原因，是科学家与医生之间发生了巨大的隔阂，就是再过二三十年也不能消除。科学家在实验室内，以各种营养给动物做试验，看它们发生什么营养不良症，或者以怎样的食物来保障动物健康。这些试验报告，每月以最昂贵的印刷与纸张大量公开发行，但是终日忙碌的医生们得到后也没有精神与时间去看了。假如看了，对于他们每天诊疗的人的症状，是绝对有帮助的。

由动物试验所得的结果，用来转推到人身上这种方式，也常常是正确的。不论一个人的健康如何的好，能对营养学有深刻的认识，仍然有极大的益处。一个能对营养学认识透彻的人，就能使自己的身体、心理、相貌得到了最佳的保证，也能使他自己的生命达到人生的顶峰。

营养调配

一日三餐，不能不吃，好像没有多大学问好说。

其实不然，对于正处在身体生长发育十分旺盛时期的青年人来说，尤其不能不讲究饮食的调配。

吃饭是为了取得身体生长发育和每日生理活动（新陈代谢）所需要的物质和能量，而食物中所含的成分，能满足这一需要的，不外乎碳水化合物、脂肪和蛋白质三大营养素，它们专门供应热量；食物中还有维生素、无机盐、水等成分，也都是代谢及生长发育所不可缺少的养分。如果青年人忽视自身的特殊需要,即使每天饭不少吃,水不少喝,也仍然可能会出现病态。

譬如青年女性,由于每月都有月经来潮,从月经血中要损失一定量的蛋白质和铁质,因此,饮食中就不能缺乏蛋白质和铁质,尤其是铁质。儿童、成年人每天需要的无机铁质为 10～12 毫克;而青年男性为 15 毫克,青年女性却需要 18 毫克。再如青年孕妇所需要的钙质要比青年男性和成年男性高出

营养早餐

1 倍或 50%。青年男女所需要的蛋白质也都比成年人要多 10%～15%,如果从事较强的体力劳动,则需要的蛋白质更多。

青年人一般的饮食原则应该是:主食要米、面食搭配,粗、细粮搭配,最好还吃些杂粮;在副食方面,则应该是荤、素搭配。青年人的机体代谢旺盛,消化力较强,因此,粘腻食品、油腻食品无妨略微多吃一些,例如糯米做的食品以及肥肉、瘦肉都可以吃一些,但也不要过量。在照顾口味的原则下,青年人还应该多吃一些含粗纤维的食物,例如,粗粮、杂粮、蔬菜,等等。

青年人需要较多的蛋白质以提供组织生长的需要,这可以从各种瘦肉、动物内脏、禽蛋类、鱼类食物中取得;豆制品也有较丰富的蛋白质,但动、植物蛋白质不能互相代替,不应偏废。

维生素分水溶性及脂溶性两类。水溶性的如丙种、乙种维生素,从粮食、谷物及蔬菜、水果中可以取得;而脂溶性的甲种、丁种和维生素 K 等,则可以从肝类、胡萝卜、红薯等食物中取得。

总之,青年人的膳食调配原则应该是多样化,粗细、荤素、干鲜俱全,

品种要多，数量要足。这样，就能给旺盛的机体提供足够的营养素，也只有这样，青年人才会有健壮的体魄。

在世界田径史上，是谁创造了奇迹？在短短的80天中，竟连续打破4项世界纪录——在美国的伯克利，以13分8秒4跑完5000米；在西雅图，用8分5秒4跑完3000米障碍；在奥地利的维也纳，用27分22秒5跑完10000米；在挪威的奥斯陆，用7分32秒1跑完3000米。他的出现使那些体坛的预言家们甚至怀疑起自己预言的价值来。人们争相传颂着他的名字——亨利·罗诺。可是，谁能想到，正是他，在连续打破世界纪录的前一年，还躺在医院的床板上，听着别人打破世界纪录的新闻：他得的是急性维生素缺乏症。

一个训练有素的运动员，为什么会得这种病呢？原来，他盲目听信了一位朋友的劝告，在加大自己运动量的同时，反而减少饮食。结果，由于营养跟不上体力的消耗，不得不住进医院，接受治疗。

运动和营养有着十分密切的关系，尽管它们之间谁也不能取代谁，但是，它们俩谁也离不开谁。运动促进了人体内部的新陈代谢，营养又补充了人体消耗掉的部分；运动提高了人体的素质和适应能力，营养又提高了人体维持运动的能量。人体像一部正在运转的发动机，营养则是这部发动机的动力源。

人体需要的营养素主要是蛋白质、糖类（碳水化合物）、脂肪、各种无机盐、维生素和水。

蛋白质是人体组成的主要成分，是生命的基础。它由二十几种氨基酸组成。蛋白质分布在身体的每一个细胞中，完成不同的功能。如肌肉蛋白质，具有伸缩性及保持液体的功能，使含有75%以上水分的肌肉具有相当的硬度；上皮组织的蛋白质，以它的坚硬及不溶解性，提供着保护身体外表的功能；血管的蛋白质具有弹性，对保持正常血压甚为重要；蛋白质也是热能的来源，每克蛋白质可产热4000卡。

脂肪由碳、氢、氧等元素组成，包括中性脂肪和类脂质的一些有机化合物。中性脂肪存在于皮下、腹腔肌肉间隙处，其中皮下脂肪最易变动，又称为动脂。类脂质中磷脂类和固醇类主要存在于细胞原生质和细胞膜内，比较稳定，亦称为定脂，是构成人体组织的重要成分。脂肪是人体热量的重要来源之一，1克脂肪可产生热能9000卡，比糖高1倍。

糖（碳水化合物）主要以淀粉形式供给机体，进入人体后以糖元的形式暂时储存于肝和肌肉组织中，成为肌肉活动的后备物质。

维生素，顾名思义，就是维持生命的要素，它对机体的新陈代谢、生长发育与健康有着极重要的作用。它虽然在食品中含量甚微，却具有强大的作用，一旦缺乏就会得各式各样的疾病。前面提到的罗诺正是由于饮食中摄取到的维生素不能满足身体的需要，终于病倒了。

无机盐又称矿物质，是构成人体组织的重要材料（称为结构物质），也是细胞内和细胞间液的重要成分。它们和蛋白质共同存在，维持着各组织一定的渗透压力，并同时组成一个强有力的缓冲系统，维持机体的酸碱平衡（故又称为调节物质）。

水是人体的构造材料，是溶剂、关节肌肉的润滑剂和温度调节剂，维持着细胞内电解质的平衡的渗透压。在消化道内供应消化液，帮助消化和流送食物。在人体内储备的碳水化合物和脂肪因饥饿而完全耗尽、蛋白质亦失去一半的情况下，人仍然能够勉强维持生命；但人体内的水分若损失20%，那就无法继续生存了。可见，水在人体中是非常重要的。

人体对于营养的需求是有一定标准的，少了要得病，多了也要患病。如蛋白质与脂肪和糖的性质不同，它既不能在体内贮存，也不能由其他营养素直接转变而来，只能每天消耗多少就补充多少，否则，时间长了，健康就会受到影响。又如，近年来，一些人听说维生素C可以防癌，便大量服用，结果出现失眠、性情暴躁等现象，严重的甚至出现病态恐惧心理，夜间心跳过速等现象。目前，国外的许多营养专家都认为，营养过剩也是许多疾病的病因。

那么，人体到底需要多少营养呢？这要根据一个人活动量的大小来决定。人体在活动的过程中释放出大量的热，这些热量来源于人体内的糖、蛋白质和脂肪。人体每天需要的热量主要表现在两个方面：一方面是基本生理活动所需的能量，称为基础代谢，如心跳、肺的呼吸等，24小时中最低要消耗热量1000~1800千卡；另一方面是人体每天活动所需的热量，一般地说，轻体力劳动和小运动量锻炼所需热量（加上基础代谢所需能量，下同）约2500千卡，重体力劳动和大运动量锻炼则需热量4000千卡。就我国目前的生活水平来看，只要不是从事重体力劳动、不进行大运动量锻炼的青年，在日常饮食的基础上，适当增加一些营养成分较多的副食品，就可以满足身体对营养的需求量。从事重体力劳动或进行大运动量锻炼的青年，则应适当地多吃一些含蛋白质、脂肪、糖较高的食品，以补足身体中失去的营养。至于那些有偏食和忌口毛病的青年，特别要注意由于某种营养的不足而造成的身体内部的失调。

可见，饮食的合理与否，对于一个人的健康状况起着很大的作用。目前，世界上一般都认为日本的膳食构成比较合理，在其膳食结构中，既增加了适量的动物食品，又保留了一定数量的素食品，这对日本人民的平均体重和身高都产生了较大的影响。与20年前比，日本青年人平均身高增长了10厘米。从平均寿命来看，日本已超过瑞典而跃居世界之首。由此可见，合理的膳食构成，对于一个人、一个民族、一个国家的健康水平是很重要的。

过去，欧美的一些国家，由于人们日常多食用高脂肪、高糖、高蛋白食品，平素又不进行体育锻炼，因此发胖，高血压、动脉硬化、心脏病的发病率都很高。鉴于此种情况，人们从健康的角度出发，正在逐渐地改变着自己的饮食习惯。

在我国，由于吃淀粉类粮食（碳水化合物）过多，副食较少，热能的来源80%以上来自粮食，蛋白质的来源70%也来自粮食，谷物中蛋白质的含量比较低，这就使得蛋白质摄取量偏低。针对这种情况，我国青年的膳食，应适当地增加鱼、肉、禽、蛋、奶的比重，以提高蛋白质的摄取量。

合理的饮食，是人体获得营养的主要途径，但是，这仅仅是解决了能源的问题，要想使身体健康，还必须进行科学的体育锻炼。所谓天然美好食物，是我们祖先所吃的那些纯粹食物，例如在天然矿物质丰富的土壤里长出的水果、蔬菜和谷粮，它们未经脏空气污染，未曾使用化肥和杀虫剂。牛奶，也是由吃天然牧草健康乳牛身上获得的，不需要消毒，里面含有丰富的荷尔蒙、酵素。蛋，是那些自由地在大地上跑的鸡下的，这种蛋多已受精，含有充足的维生素 B_{12} 与维生素 K，而且含有多种荷尔蒙。现在企业化经营的养鸡场所售的蛋，是无法在营养方面相比的。肉类，是那些未经阉割的动物所产生的，其营养也不是现在的加工肉类可比。

现代人要想吃到上述的食物，实在太难了，甚至是不可能。

我们现在所吃的一切食物，多多少少都经过加工，每次加工总会失去一些营养，只是失去的多与少而已，这些加工多是画蛇添足，工是"加"了，而营养则是"减"了。我们虽然尽力保持营养不失，但是效果不大，因此加工制造的营养剂，也就不得不吃。

我们必须不断地注意体内各种营养的平衡，也就是说某种营养的吸收。利用或迟滞，都是与营养发生关联的。例如你没有吃到足够的脂肪，或者吸收足够的维生素 D，吃钙是没有用的，而且吃钙要与半数的镁以平衡之。如果你吃了维生素 A，而没有吃足够的维生素 E，以防止它受到破坏，也是没有用的。如果吃天然质好的食物，因为其中所含的营养平均，平衡与否的问题也就不会发生了。因此我们对营养的全盘概念都应该随时记住。

人，每天需要 40 种营养，我们得到后，不但要避免受到其他因素的破坏，也要尽可能保持愉快的心理，以便消化吸收。

我们可把营养与健康的，看成一个四层的盒子来说明，最里面一层最小的盒子代表全部的营养，经我们仔细地选择、烹调，假定已吃下 40 种最基本的营养。我们心情愉快地进食，以防止它们受到破坏与排失。

第三层较大一点的盒子，代表我们整个身体中的各种器官，它的功能合作良好。此处还代表了整个身体所需的爱、和平的心境。心理的适应、休闲、运动、睡眠、新鲜空气与阳光，而且我们要知道，所谓"健康"不是指整个人身体，而是指身体的每个细胞，疾病也不是指身体某部分坏了，而是指某些细胞失去了功用。

第二层较大的盒子，是指个人与环境、家庭、朋友、工作、嗜好和消遭等的关系。外层最大的盒子，是指点个人的人生哲学。宗教信仰、伦理道德的观念、偏见等，这些对个人健康也都有决定性的作用。由这四个层次来看，营养只是最小。最基本的因素，但也是最重要的部分，唯有这四部分都健康，身体才能算是健康。

医生的观点是，凡是那些不看重营养的人，都不算是聪明人。例如只注意食物营养，而不注意土地肥沃与食物加工；只注意某一种价值，而忽略了多种营养的平衡，也不算是聪明人。

据郎彻博士所为的《营养与健康教育》一书中说道，营养的目的，是维护身体。思想与良知的成长。经由吃得好以便改善家庭，社区和世界，利用营养学的知识来增进大家的福祉与改进人们观念，除非你把营养学的知识善加扩大利用，否则它本身是无价值的。

郎彻博士又说道："营养学知识能给我们能力以控制生命、协助我们平衡预算、减少医药费用。我们社交成功、地位稳固、寿命长久、幽默感提高，使我们在家庭、学校、企业界变得更有效能。如人人对营养学都有认识，会使你我生活更有意义。我们如果了解营养学有这样深长的意义，我们就是聪明人了。"

营养来源

有两项主要的原则必须遵守，无论大人或小孩，健康的或有病的也都应如此。第一，知道的营养食物，都要充分供应。第二，除正确烹调方式外，食物尽可能保持天然状态来吃，新鲜食物要妥为贮存，多吃天然食物，少吃加工食物。何种食物最富营养又为身体所需要，请看下列提示。

1.1 夸脱全脂奶或酸乳酪（含乳酸菌的牛奶）。如果健康很差，每天喝8盎司酸乳酪是必要的。

2. 全麦面包和未精碾谷物作的稀饭，再附加麦胚芽。如果需要获得多量维生素 B 群，每天还要附吃酵母和肝脏。肝里所含的蛋黄素是胆素和肌醇的主要来源，酵母和蛋黄素里含磷很高，每磅必须加入 1/4 杯的乳酸钙和一大匙碳酸镁，搅拌均匀以平衡之。或者购买加了钙与镁的酵母，但以啤酒酵母最好。

3. 含完全维生素 A 的食物。绿或黄色的蔬菜和水果，肝、奶油等都含。如果成年人需要量多，而又不能由食物中获得。就要附吃维生素 A 丸了。小孩则宜吃液态的鱼肝油。

4. 柑橘类水果要连白嫩皮一齐吃，或者每天喝 8 盎司新鲜橙汁。吃葡萄柚或者喝 12 盎司不加糖的罐装或冷冻天然果汁，以获得足够的维生素 C。

5. 为了获得维生素 D，小孩要喝液态鳕鱼鱼肝油，大人可吃鱼肝鱼胶囊。

6. 要吃加碘食盐，吃钠要少，碘是绝不可缺乏的。

7. 吃生菜或烹调蔬菜时，一两匙未经过氢化的沙拉油是需要的，以黄豆、花生或红花籽榨的油最好，用后要放在冰箱内。

8. 午餐。晚餐要吃些生蔬菜、煮熟的绿色蔬菜要吃 3 种以上，如果热量消耗得多，淀粉质的蔬菜要多吃。

9. 除喝天然果汁外，必须要吃 2 种以上的水果，黄色的水果比浅色的要好，生吃比熟吃要好，熟吃比冷冻的好，冷冻的比罐装的好，不加糖的比加糖的要好。

10. 每天要吃 2 次肉，包括禽类，鱼类，另外还有蛋、乳酪或含高蛋白食物的代用品，一星期要吃 2 次以上肝、心、肾和小牛、羊的胰脏，一星期要吃几次海鲜食物。如果胆固醇过高，一星期可吃两三次牛羊肉，鱼和禽类四五次，避免吃猪肉。

以上所谈是一般食物的营养，现在我们来说个人所需要营养的来源：

1. 维生素 A：深颜色的水果与蔬菜、奶油、蛋、肝、鱼肝油和维生素 A 丸。

2. 维生素 B 群：酵母、肝、麦胚芽，未经加工的谷物制品，这类食物的制品不能加香料、色素等食物添加剂。含单项维生素 B 的食物：牛奶含维生素 B_2，绿色蔬菜含维生素 B_2 和叶酸，肉类含菸草酸，蛋黄素里含胆素和肌醇。

3. 维生素C：柑橘类水果和果汁，任何新鲜水果和蔬菜都含有少量的维生素C，但要生吃。也可吃维生素C丸或片剂。

水 果

4. 维生素D：液态鱼肝油和胶囊，或加维生素D的牛奶。

5. 维生素E：麦胚芽。未精炼的豆油及其他植物油，也有天然维生素E胶囊。

6. 维生素K：肠内细菌可以制造，假如食物中不缺牛奶，不饱和脂肪酸，又没有吃抗生素药物，一个健康的人是不会缺乏维生素K的。常吃酸乳酪，肠内这种细菌更会增加。

7. 维生素P：柑橘类水果果肉上附着的白色嫩皮中含有。如果吃了大量的维生素C，此物则不需要了。

8. 亚麻仁油酸：也就是主要不饱和脂肪酸，植物油类的红花籽油、油、玉米油、棉籽油，未经氧化的坚果酱里都含。

9. 钙：无论是全脂奶或脱脂奶及奶制品含量均丰，此外由骨粉或钙片均可吸收到钙。

10. 磷：奶、蛋、乳酪，肉类，所有未加工的食物中均有。

11. 铁：肝、酵母、麦胚芽、肉类、蛋黄，未加工的谷类中均有。

12. 碘：加碘食盐。海藻里均有。

13. 镁：水果、蔬菜，特别是没使用化肥，而土质肥沃所长出的绿叶蔬菜含量更丰，此外每天吃 1/4～1/2 小匙或 2～3 片碳酸镁、氯化镁也可以。

14. 钾：蔬菜、水果、肉、鱼、坚果类及未加工的谷物中均有。假如碘的来源不缺，最好能每天吃相等量的氯化钾。

蔬　菜

15. 微量矿物质：海产、肝、绿色蔬菜、蛋黄等，里面均含有。在含有微生物的土壤中长的谷物，未加工的也含有，此外就是人工合成的微量矿物质片、丸剂了。

16. 蛋白质：牛奶类、酵母、鱼类、酸乳酪、奶油、起司、肉类、鱼类、蛋、黄豆。

17. 固体食物：水果、蔬菜，未加工的谷物食品。

18. 液体食物：奶类、果汁、汤，各种加工的饮料等。

粗细搭配

在十年动乱期间，有些人曾批判孔子在《论语》中所说的"食不厌精，脍不厌细"，认为这是奴隶主、封建地主阶级剥削生活的习惯。事实果真如此吗？

如果我们从人体健康的角度来看这两句话，那么，为了取得足够的营养，保持身体健康，的确是需要"食不厌精，脍不厌细"的。

当然，这里的精和细，不是指精细的山珍海味、精米白面，而是要求进餐时细嚼慢咽，不慌不忙。至于精，则应该包括有足够的营养，做得干净、细腻，而不是粗糙不堪。

提倡进餐时细嚼慢咽，对于年轻人来说，相当重要。常见到有些青年，吃饭时狼吞虎咽，一顿饭还用不了十分钟。看来，这种吃法好像节约了时间，可以多工作、学习一点，实际是得不偿失的。

我们只要看看食物的消化过程，就不难了解其中的道理。

食物在口腔中要经坚硬的牙齿切、撕、嚼、磨，把食物弄碎，并和唾液充分地混合，进行初步的消化。唾液中主要有淀粉酶，经过磨碎和初步消化的食物，才由口腔的吞咽动作推入食道。

一团团的食糜，经食道的蠕动，把它推入胃中，进一步消化。

"狼吞虎咽"，是低等食肉哺乳动物的食性，它们的胃有较强的消化力。人体则不同，胃的消化能力比之这些食肉哺乳动物要低得多，如果是大块大块的食物未经磨碎就进入胃里，胃就必需用力揉压蠕动，才能把它压碎。事实上，胃的这种机械消化能力是很有限的，它不像坚硬的牙齿那样能把坚硬的食物轻易磨碎。如果长期这样进食，胃的消化能力就会负担过重以致减弱，天长日久还会形成消化不良，出现胃痛、胃胀。

再说，食物中的营养素，需要与消化液充分接触，产生一些化学变化，把不能直接被胃肠吸收、被身体利用的成分，变成能被身体直接利用的成分。比如，食物中的糖类，人体是无法直接利用的，必须在胃肠中经过分解，变成葡萄糖，才能被吸收和利用。细嚼慢咽，可以使食物变成微细颗粒的食糜。颗粒愈细，与消化液接触的面愈大，食物的被消化吸收和利用也就愈充分，做到"物尽其用"。

另外，吞咽动作太快了，也容易发噎。这是因为，吞咽动作是把食物团咽入食道，食道的蠕动推送着食物团像波浪前进，而蠕动波前进的速度是有一定节律的，当一团食物还没有被送进胃中，另一团食物就跟进时，食道就会"应接不暇"，被撑得太大，因而产生"噎"的感觉。经常发噎，不但会使食道壁受损，如果再加上好吃烫热的食物，还容易形成对食道健康的威胁，甚至导致食道癌的发生。

当然，食不厌精、脍不厌细，还包括讲求食物烹调的技术，也就是说，要清除食物中的不易消化的杂质，要把食物切得细碎，煮得熟烂，这样，也有利于胃肠消化活动的进行，减少胃肠的工作负担，有利于人体的健康。我们在日常生活中，常把主要粮食分成粗粮、细粮。细粮一般指精白面、精白米；其余的粮食，如糙米以及杂粮（如玉米、白薯、高粱、豆类等），都算作粗粮。

五谷杂粮

粗粮、细粮，主要的区别在于加工的方法不同。以稻米为例来说，每一粒稻米，是由最外边的果皮和种皮包裹着的，其内有胚层和胚乳。加工时，就是把果皮、种皮去掉，种皮去得彻底，就只剩下了胚乳了，看上去显得分外晶莹透亮。

就味道说，精白米比糙米是可口一些。但是，从营养的观点看，在被除去的种皮里，却含有维生素 B_1 和维生素 E。维生素 B_1 是维持心脏、神经健康必不可少的，人体缺乏了维生素 B_1，就要发生脚气病。早在公元 4 世纪——东晋时期的医学家葛洪就在《时后备急方》一书中指出："岭南人多数患脚气病，得病的人，感到下肢微微麻木疼痛，走路乏力，严重的会影响心脏，甚至突然死亡。"为什么在岭南地区得这种病的人多呢，原来，当时由于北方经历战乱，有钱人家大多跑到江南居住，江南出大米，他们又只喜欢吃精白米，由于缺乏维生素 B_1，因而许多人患了脚气病。

再以玉米为例。它是一种粗粮，除含有 70% 左右的碳水化合物、8% 的蛋白质和 4% 的脂肪以外，还含有维生素 A 和维生素 E。维生素 A 与皮肤的健康、眼球的视觉感受密切相关，缺少了它，就可能发生夜盲症（雀目），而维生素 E 缺乏会影响女性生殖机能，造成不孕症、习惯性流产等症。另外，玉米中含的植物性脂肪具有防止血中高胆固醇症的出现，有利于防止动脉硬化、高血压症。因此，青年人适当吃些玉米，对身体健康是极为有利的。

玉 米

还应该指出的是，粗粮中还含有较多的粗纤维，这些粗纤维对于促进胃肠蠕动、保持大便通畅、防止毒素吸收以及肠癌发生具有积极的作用。在经济发达的国家里，有些大亨和富翁，由于专吃细粮，渣滓减少，经常便秘，粪便长期滞留在肠中，毒素不能及时排除，肠壁受到刺激，天长日久，十分容易导致肠癌。因而肠癌被人们称为是一种"文明"病。

这就是为什么我们主张吃一些粗粮的原因。为了把粗粮做得可口些，可提高烹调技术，粗粮细作，并和细粮搭配进食，这样就既可以增加食欲，又有益于身体的健康，可说是两全其美的好办法。

每天一杯牛奶增强身体素质

一杯牛奶可以强壮一个民族。

先说一些似乎与本文题目不挨边的话题。

人们对日本鬼子恨透了，一提起来，就直咬牙根。很多人把日本人叫做"小日本"。称其为"小"，一方面固然有轻蔑的意思，笑话日本国土逼仄，"弹丸之地"；另一方面，当时日本人的身材比中国人明显得矮小

20世纪50年代初期，国内的外国人很少。走在北京的大街上，如果见了一位蓝眼睛、高鼻梁的外国人，周围马上会有一群人围观过来。据说

牛　奶

当时一个学校的门诊部里，有一对日本籍的医生夫妇。男的名字叫井泽一郎，人们称他"井医生"；女医生的名字，叫做井泽由纪子，我们当面称她"由纪子"。他们也穿着绿军装，胸前佩戴解放军胸章。乍一看，和别的军

人没有什么两样。但是从个子上看，区别就明显了。井医生身高不过1.60米，由纪子医生更矮，1.50米出头。所以，在人们的印象里，日本人就是矮种，甚至以为日本人的老祖宗，就是当年秦始皇派出去寻找长生不老药的徐福率领的五百童男童女，难怪个子都不高。

70年代，中日建交以后，来北京的日本人多了起来。中年的日本人，40年代出生的人，身材还是"小"；不过，年轻人，六七十年代出生的人，比起他们的父辈，则明显地高大了起来，一个个身材修长，个子总在1.70米以上，丝毫也没有"小日本"的意思，相形之下，我们中国人反倒不如他们高大了。

后来，有一本日本人写的书，是讲如何能使身材长高的书，曾经提到，只要加强营养，儿子的身材就可以长得比父亲高。并且举例说，日本在战后经济高速发展时期出生的一代（指70年代以后出生的人），比起他们的父辈，即战后出生的一代（指40～50年代初出生的人），平均身高增加了13厘米。这一切应归功于70年代以后，日本人的营养条件大大改善，因而提高了整个国民的身体素质。

这些观点确实有一定道理。

第二次世界大战中战败的日本，国内曾经笼罩着贫穷、饥饿。不过，当时的日本政府提出了一个口号，实际上也是一个行动纲领："一杯牛奶可以强壮一个民族"，在全国不遗余力地推广饮用牛奶。当时，正值战后，欧洲一些国家也推行类似的计划，从加强儿童们的营养入手，向广大国民宣传营养知识。这计划一直坚持下来，对于提高日本国民的身体素质，无疑起到了巨大的推动作用。几十年过去了，当我们感叹日本民族战后重新崛起的同时，也不得不佩服当时日本营养学者的远见卓识。

泰国的"学童奶计划"。几十年前，泰国仍然处于相当贫穷的落后阶段，国内发起了让更多的孩子每天喝牛奶的计划，国王陛下和王室成员躬身实践，积极支持和参与。经过20多年的努力，泰国新一代的体质有了明显的增强，18岁男女青年的平均身高，分别增长了4厘米和3厘米。泰国青年不断增长的身高，也改变了人们过去的印象，不再把他们当做"矮小民族"了。

其实，不用专门去了解外国人的变化，就看看我们周围的年轻人，也能有深切的体会。改革开放以来，国人的生活水平大大提高，年轻一代的身高也有了非常明显的变化。20世纪60年代在北京，女孩子的身高如果有1.66米，就是少有的大个子；现在身高1.70米以上的女孩子，街上随处可见。男孩子身高长到1.70米多，个个自称"三等残废"，开玩笑说："找对象都困难。"当然，这些都要归功于营养的作用。

进入90年代以来，越来越多的国家把儿童的喝奶问题和国家的强盛联系在一起，一个"学童奶计划"在世界上许多国家展开。所以，人们开始越来越重视日本人50年前的那句口号："一杯牛奶可以强壮一个民族"。

如果我国人民，无论大人小孩，天天都能喝上一杯鲜牛奶，我国人民的身体素质，将会有普遍的大幅度提高。个体强身，民族强种，将不再是梦想。

1997年4月，中国营养学会公布的《中国居民膳食指南》中建议人们："每天吃奶类、豆类及其制品"。其中，每天喝奶是一项重要的内容。奶类中含有丰富的优质蛋白质和维生素，而且含钙量较高，钙的利用率也高，是天然钙质的极好来源。如果每天喝一杯牛奶，身体状况肯定会大大改观。

你看刚生下来的婴儿，不会吃东西，每天就靠喝奶，一天天长大，长了骨头长了肉，足以说明奶中的丰富营养。其实，补钙是一个人一生中的大事。我们中国人从每天的膳食中得到的钙的比例相当大，中老年人的骨质疏松也相当普遍，走路经常脚后跟疼，有时候疼得走不了远路。一位骨科专家说："可能是缺钙引起的疼痛。"按照他的意见，每天喝一袋牛奶，只喝了半个多月，前面的那些症状就基本上消失了。坚持天天喝一袋奶（250毫升），养成强身健体好习惯。

现在，营养学家测定，500毫升牛奶中含的钙，是一个人每天需要量的117%，也就是说，完全可以满足人体的需要，同时还可以满足100%的维生素D的需要量。大量的研究表明，给儿童和青少年补钙，可以提高他们的骨密度，从而延缓发生骨质疏松的年龄。给老年人补钙能减少骨质丢失的速度，所以营养专家提出，每天要吃奶类，或者豆类制品，原因也就在于此。

每天喝一杯牛奶吧，这是最经济同时也是最有效的营养品了。

鸡蛋的营养价值

每天，我们都要吃鸡蛋，它已经成为人们离不开的重要营养食品。可你了解关于鸡蛋的知识有多少呢？

还是在远古的时候，鸡就被驯化了。古埃及人已经知道如何养鸡，并且在法老时代就已经达到很高的水平。当时，人们已会用粗制的烘箱进行人工孵化。现在在埃及仍然有人使用类似的孵化箱。

人类以禽类和蛋类作为食物，可追溯到人类历史的远古时期，而生产力不断发展产生交换行为时，鸡蛋就成了最早的交换品之一，人们用它换来杂货和其他日用品。

鸡 蛋

鸡蛋是自然界的一个奇迹，也是人类已知最完美的食品之一。此证据在于，鸡蛋提供极为均衡的蛋白质类、脂类、糖类、矿物质类和维生素类等营养物质。这些营养物质是 20 天孵化期间小鸡的唯一的食物来源。鸡蛋在人类食品中有很高的营养质量，而它的市场价格却是低廉的。有调查显示，所有动物性蛋白质产品中，鸡蛋是最便宜的。

通过近些年来的研究，鸡蛋的结构愈来愈清楚了。

最外层，是坚硬的蛋壳，它是鸡蛋的保护部分，主要是由碳酸钙所组成。蛋壳上分布着 6000～8000 个微孔。这些微孔可以让易挥发的成分通过，是鸡蛋的呼吸通道,当鸡蛋冷却收缩时,内、外壳膜被拉开,在较粗的鸡蛋一端便形成气室。

带状的蛋黄韧带使蛋黄保持在鸡蛋的中心位置,在蛋黄的四周可以看到一层膜叫做蛋黄膜。胚盘是每个鸡蛋的正常组成部分,它位于蛋黄的表面。在受精的鸡蛋中,小鸡的胚胎就从胚盘这里开始形成。

蛋白,或叫蛋青,位于蛋黄的周围,它由四层组成:①稀的或流动的外层蛋白;②浓的或稠的蛋白;③稀的或流动的内层蛋白;④稠的内层蛋白或黄韧带层。水是鸡蛋蛋白的主要组成部分,大约占蛋白的88%。鸡蛋蛋白的蛋白质部分约占11%,它包括以下8种蛋白质:卵清蛋白、卵白蛋白、卵类黏蛋白、球蛋白类、卵黏蛋白、黄素蛋白、卵糖蛋白和抗生物素蛋白。鸡蛋蛋白经常作为鸡蛋质量的指标。好的鸡蛋蛋白必须是坚挺的,在稀、稠蛋白之间,应当有明显的分界线。

蛋黄,它约含水分48%,蛋白质18%和脂肪33%。蛋黄的蛋白质包括卵黄高磷蛋白和卵黄脂磷蛋白以及低密度脂蛋白类,后两种都是脂肪与蛋白质的复合物。蛋黄的脂类包括甘油三酸酯、胆固醇和磷脂。蛋黄的颜色主要由叶黄素造成的。

鸡蛋含有丰富的蛋白类、维生素类和矿物质类。鸡蛋蛋白质有很高的消化率和营养品质。与所有其他食品相比,鸡蛋蛋白质有最高的生物价值。它含有维持生命和促进生长发育所需全部的必要氨基酸。此外,鸡蛋是铁、磷、微量矿物质、维生素A和维生素E以及大部分B族维生素,包括维生素B_{12}等的较好来源。从热值观点来看,鸡蛋的热量是适中的。一个中等大小的鸡蛋,大约含热量是75千卡。

总之,鸡蛋为各种年龄的人提供一种极为平衡的营养源。鸡蛋能够极大地满足婴儿、儿童和十几岁青少年迅速生长发育对营养的需要。鸡蛋可以制成优质疗效膳食。对年纪较大的人来说,有时咀嚼某些食品有困难,鸡蛋就成为深受他们欢迎的宝贵食品。

另外,还必须澄清对影响鸡蛋的营养价值因素的一些错误认识。

首先,不少人相信蛋壳颜色是鸡蛋质量或营养价值的标志,这是错误的。因为蛋壳的颜色，只与鸡的品种相关，而对鸡蛋营养的组成没有影响。

其次，消化率。一些人认为，生鸡蛋更容易消化些。虽然，生、熟两种鸡蛋都能完全地被消化和吸收，但煮过的鸡蛋更易消化些。应注意的是，在生鸡蛋蛋白中含有一种抗维生素蛋白，它使生物素无法被吸收利用。而鸡蛋经煮过以后，抗生物素蛋白发生变性，结果使生物素被吸收利用。

新鲜果蔬每天吃

现代膳食结构和流行病学的调查研究结果，证实新鲜果蔬的摄入量与癌症发病率和人群平均寿命之间有着密切的关系。新鲜果蔬日均摄入量多的人群和地区，其癌症发病率低，平均寿命也相对较高。新鲜果蔬的主要成分是水分，含量一般为70%～90%。干物质中，绝大部分是纤维素、半纤维素、果胶质等不能为人体消化吸收的膳食纤维。糖类、蛋白质、有机酸、脂类、核酸和氨基酸类物质，是新鲜果蔬的主要营养成分，但不是人体日常生活中三大营养素（糖类、蛋白质、脂肪）的主要来源。矿物质、维生素及微量生理活性成分，在新鲜果蔬中一般含量相对较少。但对人体的正常代谢和保健却极为重要。

一、新鲜果蔬的保健作用主要有以下几个方面。

1. 维持人体的正常代谢

人的生命活动是通过各种生物化学反应实现的。酶是生物化学反应在室温下能正常进行的高效催化剂。维生素和矿物质是酶进行催化反应所必需的辅助因子。只有当这些辅助因子存在时，许多酶才能起催化作用。新鲜果蔬和肉类食品是人体维生素和矿物质的两个主要来源。一些维生素，如维生素C、维生素E，在烹饪中极易造成高温氧化损失。因此，新鲜果蔬，特别是鲜食，是人体获得一些重要维生素的主要途径。

2. 维持体液的酸碱平衡

人体的正常代谢要求体液保持一定的渗透压和酸碱度，以保持体内生物化学条件的恒定。这个作用主要依靠无机盐和水分来调节。新鲜果蔬多含有柠檬酸、苹果酸等有机酸，在口感上常带酸味，如柑橘、苹果、番茄等。但这些有机酸在体内可以和糖类物质一样，被彻底氧化为二氧化碳和水。

新鲜果蔬

留下的是新鲜果蔬中所含的钠、钾、钙、镁、锌等碱性矿物质元素。因此，营养学中称水果、青菜等为"成碱食物"。谷物、肉、鱼等食物基本不含有机酸或有机酸含量很低，口感上不显酸味，但在人体内彻底分解代谢后，主要留下氯、硫、磷等酸性元素，营养学上称谷物、肉、鱼等为"成酸食物"。因此，摄食新鲜果蔬，可有效降低体液和尿中的酸度，防治酮（酸）尿症和骨质疏松。同时，尿液酸度的降低，可使尿酸的溶解度增加，因而可减少尿酸在膀胱中生成结石的可能性。在日常生活中，成酸、成碱食物的摄入，最好有一定的比例。新鲜果蔬摄食少，肉、鱼等成酸食物摄食多时，易造成体内固定碱性矿物质的过度消耗，从而产生缺钙、缺锌、缺铁等现象。

3. 消除活性自由基对人体的损伤

在人体新陈代谢过程中，会产生一些活性自由基。正常情况下，机体内自由基的产生与消除之间的能力基本平衡。但随着人体的衰老和身体在异常情况下，人体对自由基的消除能力下降。过剩的自由基可以引发生物膜不饱和脂肪酸发生脂质过氧化反应，损伤细胞结构和功能，导致代谢紊乱。脂质过氧化产物——丙醛，易使生物大分子发生交联作用，除形成常见的"老年斑"外，还可导致酶的失活或遗传物质DNA的突变，乃至诱发细胞的癌变。新鲜果蔬中含有的谷胱甘肽类还原性短肽、酪氨酸、半胱氨酸类还原性氨基酸、还原糖、维生素C、维生素E和多酚类还原性营养成分，以及能破坏自由基形成的酶，如超氧化物歧化酶、过氧化物酶、过氧化氢酶类等，可有效消除自由基对人体的损伤。果蔬越新鲜，消除能力越强。在各种果蔬中，尤以鲜大蒜和生姜对自由基的消除能力最强。

新鲜果蔬中所含有的还原性成分及保健酶类，可有效捕获人体新陈代谢过程中产生的活性自由基，与之结合或反应，生成稳定的化合物，并能有效消除易产生活性自由基的前体或诱导体，从而表现出良好的防衰保健作用。

4. 阻断致癌物在人体内的合成

亚硝胺类是一类很强的致癌物，其合成前体物质——亚硝酸及亚硝胺类，在食物中普遍存在，并产生于人体蛋白质和氨基酸等氮素代谢过程中。新鲜果蔬中的维生素C、维生素E、谷胱甘肽、巯基蛋白、多酚类及亚硝酸还原酶类等还原性成分，可将亚硝酸还原成氨而排出体外，从而有效阻断强致癌物亚硝胺类在人体内的合成。流行病学调查结果证实，摄食新鲜果蔬多的人群其胃癌的发生率显著降低。

5. 促进体内有害物质的排泄

糖醛酸是人体内极为重要的解毒物质。新鲜果蔬中含有大量的膳食纤维，这些不为人体消化吸收的生物大分子中，含有许多糖醛酸基团。最常见的是半乳糖醛酸。许多毒物和药物，与糖醛酸结合后排出体外，而起到解毒的重要作用。膳食纤维还可以促进肠的蠕动，利于清肠排便。古语云："若要长生，肠中常清。"因此，新鲜果蔬富含的膳食纤维，通过促进人体的解毒排便，可有效防治便秘、痔疮、肠癌等肠道疾病。

6. 增强人体的免疫力

新鲜果蔬中，还含有许多含量极微的生理活性成分，如生物黄酮、小分子核糖核酸、免疫球蛋白、生物碱等。这些物质的一个重要生理作用，是能增强人体的免疫力，调节人体的新陈代谢。

综上所述，新鲜果蔬对人体的保健使用是多方面的，其保健作用集中在"新鲜"二字上。一般情况下,新鲜果蔬的保健作用,均随贮存时间的延长而急剧减少;另一方面,新鲜果蔬的保健作用又贵在摄食的均衡上,人均年食 70~80 千克水果,每日摄食 2~3 个苹果或柑橘,可基本满足保证身体健康的需要。过多地摄食新鲜果蔬,也会导致人体营养不平衡而影响健康。如一次摄食荔枝、柑橘过多时,常会导致腹泻等不适症状,因此,保健之真谛,全在"营养平衡"上。

二、水果不宜空腹吃

很多青少年都会遇到这样的情况:饿得不行了,吃个水果先垫垫肚子;早晨起床先吃个苹果;我在减肥呢,饿了就吃苹果等等诸如此类空腹吃水果的情况。

水果是人民膳食生活中维生素 A 和维生素 C 的主要来源。水果中所含的果胶具有膳食纤维的作用,同时水果也是维持酸碱平衡、电解质平衡不可缺少的。专家分析,"金银铜"之说换言之就是早上吃水果营养价值最高、晚上吃水果营养价值最低。其中的道理是,人在早起时供应大脑的肝糖耗尽,这时吃水果可以尽快补充糖分。而且,早上吃水果,各种维生素和养分易被吸收。

人们都知道吃水果有益于健康,很多追求苗条的女孩还把它作为一种正餐的食品。常言道:"饥不择食",人在饥饿的时候看见吃的东西就想往嘴里放,可是,有些食物在空腹的时候吃下去会给你的健康带来麻烦。生活中我们都知道空腹喝牛奶、酸奶、豆浆、酒和茶不利于健康,据《今日美国》健康新闻报道,我们还需切忌空腹吃几种水果。

香蕉。由于香蕉含有较多的镁元素,空腹吃时,可使人体中的镁元素突然增高,破坏人体血液中的钙、镁平衡,对心血管产生抑制作用,不利于身体健康。

大蒜。由于大蒜含有强烈辛辣的蒜素,空腹吃蒜,会对胃黏膜、肠壁造成刺激,引起胃肠痉挛、胃绞痛,并影响胃、肠消化功能。

西红柿。由于内含丰富的果胶、柿红酸及多种可溶性收敛成分,如果空腹下肚，以上这些成分容易与胃酸起化学反应，生成难以溶解的硬块状物，引起胃肠胀满、疼痛等症状。这些硬块可将胃的出口幽门堵塞，使胃里的压力升高，造成急性胃扩张而使人感到胃胀痛。

柑橘。内含大量糖分及有机酸。空腹吃下肚，会刺激胃黏膜，会使胃酸增加，使脾胃不适，嗝酸、反胃，使胃肠功能紊乱。

柿子。空腹时胃中含有大量胃酸，它易与柿子中所含的柿胶酚、胶质、果胶和可溶性收敛剂等反应生成胃柿石症，引起心口痛、恶心、呕吐、胃扩张、胃溃疡，甚至胃穿孔、胃出血等疾患。

黑枣。含有大量果胶和鞣酸，易和人体内胃酸结合，出现胃内硬块。特别不能在睡前过多食用，患有慢性胃肠疾病的人最好不要食用。

鲜荔枝。荔枝含糖量很高，空腹食用会刺激胃黏膜，导致胃痛、胃胀。而且空腹时吃鲜荔枝过量会因体内突然渗入过量高糖分而发生"高渗性昏迷"。

山楂。味酸，具有行气消食作用，但若在空腹时食用，不仅耗气，而且会增强饥饿感并加重胃病菠萝。内含的蛋白分解酵素相当强，如果餐前吃，很容易造成胃壁受伤。

虽然平和类水果可以空腹食用，但在这里还是不建议青少年这种饮食习惯，尽量在吃水果前适量进食，或者喝一杯水。

三、水果该什么时间吃

1. 山楂不宜早上吃

山楂无论是鲜果还是各种制品，均有散瘀消积、化痰解毒、防暑降温、增进食欲等功效。但是空腹或者是脾胃虚弱者，不可以在清早进食；胃炎和胃酸过多者要少食，以避免对消化系统造成损害。

2. 早餐后吃西柚

西柚是孕妇首选的水果，果肉含有天然叶酸，不但对早期妊娠非常重要，在整个怀孕期也同样必不可少。而且西柚含有丰富的果胶成分，可降低低密度脂蛋白胆固醇的含量，减轻动脉血管壁的损伤，维护血管功能，预防心脏病。但由于其酸类物质含量较多，因此最好在饭后食用，尤其是早饭后,可以迅速使大脑清醒。

3. 餐前吃香蕉、红枣

香蕉含钾很高,对心脏和肌肉的功能有益,同时香蕉可以辅助治疗便秘、小儿腹泻等,适合餐前食用。红枣含有大量维生素C,有"天然维生素C丸"之美称,餐前食用为好,但是胃痛、腹胀、消化不良的人要忌食。

4. 饭后吃菠萝

如果空腹吃菠萝,菠萝中的蛋白分解酶会伤害胃壁,有少数人还会引起过敏反应。因此宜在餐后1小时食用,还能起到帮助消化的作用。

5. 饭后吃梨最好

古人称梨为"果宗",即"百果之宗"。因其鲜嫩多汁,酸甜适口,所以梨又有"天然矿泉水"之称。梨中所含的膳食纤维素,能帮助预防便秘及消化性疾病,可净化肾脏,清洁肠道。饭后吃一个梨,有利于排出积存在人体内的致癌物,而加热后的梨汁,所含的抗癌物质更多。因此,在人们吃煎烤食品和快餐食品后吃1个梨,不失为一种值得推荐的健康饮食方式。中医认为,秋季若能每日坚持吃一两个梨,不仅对秋燥具有独特功效,还能清热、安神,对高血压、失眠多梦有一定辅助治疗的作用。如果是为了满足维生素C的需求,则各种番茄都可以,关键是选新鲜、应季、风味浓的产品。

维生素

19世纪末到20世纪初,脚气病曾在亚洲食精白米地区广泛流行,危害人们的健康,医生们用了许多方法也治不好。说来还得感谢母鸡们,1893年,有个荷兰医生爱克曼有一次走过鸡窝,发现爱吃精白米饭的鸡们也有脚气病,而那些吃糠的鸡却不生病,于是他无意中发现了治病的方法。

米糠里究竟有什么东西呢?这个问题由波兰科学家封克解决了,他在1912年从米糠中提取出一种药用物质,他把这种物质叫维生素,即今天我们所称的维生素。1936年，一位名叫威廉斯的人发现了维生素 B_1 的化学结构和合成方法。米糠里有维生素 B_1！现在已经证明，正是维生素 B_1 的缺乏才导致了可怕的脚气病。

一、维生素有什么重要作用

维生素是人体内必不可少的营养成分，除了少数在肠道中由细菌合成外，大部分都是人体自身所不能合成的，因而必须由饮食中摄取。那么，维生素有什么用呢？

维生素在人体内一般需要量很少，但对人体的生理活动很重要。它参与了人体内的各种新陈代谢过程，促进蛋白质、糖类、脂类的合成和利用，许多的维生素还是多种酶的重要辅助成分。因此，一旦体内维生素不足，就会引起体内代谢的紊乱，出现各种症状，如多发性的神经炎，眼球干燥，皮下出血，毛囊角质化等等。而一旦出现这些症状，再靠正常饮食中的维生素已无法调节了，必须较大剂量长时间地服用药物才能恢复。所以维生素对人体来说相当重要，平时的饮食中要注意食物的调配，避免发生维生素的缺乏症。

但是，有一点要注意，维生素并不是越多越好，有些维生素如维生素A、维生素D等，摄入过多则会蓄积体内产生中毒的症状。一般的维生素每人每天的需要量在几十微克到几十毫克。所以，对维生素的摄取，既要防止不足和缺乏，也要防止摄入过多。

维生素作为人体生命活动不可缺少的物质，早在古代就为人们所发现。

例如，缺少维生素丙引起的坏血病，在《圣经》中和古埃及最早的文献——纸草文中，都已经提到过。在中世纪，人们在缺少蔬菜供应的严冬，或长时期在海上航行的船员，都很容易发生坏血病。

但是，直到18世纪初期，人们才开始真正科学地认识到维生素这种神奇的物质，认识到它们与生命活动的密切关系。21世纪以来，人们陆续发现的维生素已有数十种之多。如果对它们进行分类和命名，大致可分成两大类：一类叫水溶性维生素，如维生素B、维生素C、维生素PP（又称烟酸）等，另一类叫脂溶性维生素，如维生素 A、维生素 D 等。现在通常按拉丁字母的排列给它们命名，分别叫做维生素 A、维生素 B 族、维生素 C、维生素 D 族、维生素 K 族、维生素 E、维生素 P、维生素 HM，等等。它们有的能溶解在脂肪中，有的能溶解在水中，再由肠胃道吸收。

由于种类繁多，这里只能将较重要的一些维生素简要地加以介绍。

维生素 A 和维生素 D 都是脂溶性的。维生素 A 在体内具有重要的生理作用，它和眼底的视网膜的视觉功能有关，缺少它就要产生夜盲症，或使眼球干燥、皮肤粗糙变干，还容易发生尿结石、消化不良等；缺少维生素 D 的人，在儿童时期骨骼将形成缺钙，引起软骨病，青年期则会形成骨软化症，引起严重的后果。

另外，还有维生素 E 族和 K 族，也是脂溶性的。维生素 E 族与人体的生育机能有关，缺乏它生育会受到影响，甚至发生不育症。维生素 K 族与人体的凝血机能相关，当它缺乏时，人体就会发生出血倾向。

水溶性的维生素比较多，其中主要是维生素 B 族和维生素 C，还有维生素 PP 这几种。维生素 B 族至少有五六种，常见的有硫胺素（维生素 B_1）、核黄素（维生素 B_2）、维生素 B_6、维生素 B_{12} 等等。人体缺乏硫胺素时，容易出现肌肉无力、麻木、感觉过敏，甚至心脏异常，也就是一般所说的脚气病。维生素 B_2 缺乏就会发生嘴唇角的毛病，即口角炎以及舌炎等口腔溃疡。维生素 B_6 缺乏也会引起口角炎、舌炎、贫血、荨麻疹等。维生素 B_{12} 是一种钴的化合物，它与造血的机能有密切关系，缺乏维生素 B_{12} 会发生恶性贫血。

维生素 C 是一种很重要的维生素，它与体内的一些新陈代谢机能有关，能增强身体抗病能力和血管的韧性。缺少它，会发生出血倾向，使血管脆性增加或出现坏血病，身体抵抗力降低，容易发生感染，等等。

总之，维生素是身体不可缺少的营养素，每天都有一定的需要量。多则数十毫克（如维生素 C），少则几微克（如维生素 B_{12}）。

因为维生素是人体必不可少的营养素，因而社会上就出现了许多维生素药品、营养品，包括饮料、食品等。诸如多维葡萄糖、麦乳精等都是。

还有人把维生素药品当补品,天天必吃,认为多吃可以补身。事实上,一个正常年轻人,只要胃口好,肠胃吸收功能正常,加上膳食调配得当,维生素的需要完全可以从日常饮食中得到满足而无需额外增加摄入量。

人体对维生素的需要量每天是固定的。如果摄取过多,不能及时被排出体外,还可能产生副作用,甚至对身体有害。例如,近年来由于人们对维生素C的过度信任,有人竟主张每天摄入好几克甚至十多克的维生素C,结果,造成身体丢失钙质与其他矿物质。摄入过量的维生素A,则会产生肝脏肿大、关节肿胀、皮肤变干变粗糙。体内过多的维生素D积蓄下来,则会引起肺、肾等软组织慢性钙化……

所以说,维生素并非"多多益善",只有适量的摄取,才能发挥正常的生理作用,而正常的年轻人,只要没有疾病,就不要额外增加维生素的摄入量。

有益的维生素

一、菸草酸可使人乐观

维生素B群里有一种叫菸草酸,也有的人称它为维生素B_3,一个人活得快乐不快乐,与这种维生素很有关系。缺乏菸草酸时会害玉蜀黍疹(称癞皮病),美国每年因得此病而死的人很多。

含菸草酸最多的食物,有肝、酵母、胚芽、肾、鱼、瘦肉,蛋和坚果里也有,除这些食物外,其余食物中则很少了。假如肾上腺健康,食物中含高蛋白。维生素B_2、维生素B_6、少量的菸草酸可由蛋白质里的色氨酸合成。牛奶里却没有这种维生素。

因为牛奶里不含维生素B群的菸草酸,所以婴儿缺乏此种维生素B的情况相当普遍,以致经常导致婴儿严重的腹泻,这种腹泻只要把100毫克的菸草酸片压碎,放在婴儿的舌面。或加水喝下,或者放入奶中,一天就可使泻肚停止。把酵母粉冲入或用水调匀喝下，也会有效，不仅供给了菸草酸，也供给了婴儿其他的维生素 B 群。

以志愿者做实验，食物中各种营养都齐全，独缺菸草酸时，第一个令人注意的改变是心理上的症状。这些受试验的人，原来坚强、勇敢、对生命充满信心与希望，会变得懦弱、颓丧、怀疑、思想混乱、焦虑、情绪不稳、健忘和不合作。他们心理与精神上受到压力，对前途失去奋斗勇气，如果吃了菸草酸，几小时后性格就会变得乐观了。

一个人轻微缺乏菸草酸时，他的舌头细菌聚集，以致舌苔很厚，味道也很难闻，并会生口疮。这种人也易患文生氏病（vincent），也会患牙龈炎。他会感到神经紧张、烦躁、头晕、失眠、复发性头痛、记忆力减退等。如果皮肤上显有症状，首先会出现日晒似的灼伤，后来表皮会变黑、干燥、剥落，同时也会消化不良、贫血。肠胃不再产生足够的酵素、消化液，不能进行正常的消化功能。

缺菸草酸的人起初便秘与泻肚交互发生，便不久就只有持续性的腹泻。假如继续缺乏下去，精神会变得更沮丧，敌意和怀疑变得更严重，等到了生癞皮病时，上述这些情况会变得更糟，并且变得神志恍惚不清，失去了生存的希望。加拿大一位赫佛医生，是发现菸草酸可治"早老性痴呆症"的第一人，他给病人每餐吃 1000～3000 毫克菸草酸，同量的维生素 C 和高蛋白食物，来保持血糖浓度的正常，有 75%～85% 的病人都恢复了健康，如果不继续吃，这种病还会再犯。现在很多精神病医院都采取这种方法，治疗效果可达到 75%。

二、维生素 B_1 使人精神好

维生素 B_1，这种可以合成的维生素很便宜，而且许多食品中都说明已经添加了。许多人认为在日常食物中，已摄取了足够的量，可是维生素 B 群的 15 种，要全都不缺时，才会发挥对人体有益的力量。缺一种或几种，不但力量会减少，很可能会增加对其他维生素 B 的需要量。当缺乏某种维生素 B 时，不但可使不缺的那几种变得对身体有害，而且还会使身体产生

异常的现象。维生素 B_1 是增加精力的维生素。你看这本书如果感到疲倦，请吃一片维生素 B_1 就会有精神再读下去。缺乏 B_1 的人看上去很老，眼睛红肿，满脸皱纹，掉头发，全身苍白消瘦。其余还有像全身青筋暴露、失眠、焦虑、腿部水肿不能站立等异常现象。

含维生素 B_1 最丰富的食物，是麦胚芽和米糠，肝脏里所含的并不多。这种维生素是种子发芽时必需的，因此所有的谷类、坚果，各种豆子的胚芽里都有。凡是没有加工的食品。像花生酱、全麦面包、麦片等都有。动物性食物里含维生素 B_1 的，有肾和心，但猪肉里含量最丰富。

据纽约大学医学院周立佛博士说，以志愿吃缺维生素 B_1 食物的人作研究，缺维生素 B_1 后4天，他们就会感到心周围痛、心跳不规则、呼吸短促，还会有便秘、精神抑郁等情形产生。如果饮食内再不添加维生素 B_1，情况还要恶化。进一步研究结

麦　子

果表明，心脏还会扩大，就好像是得了心脏病似的。吃了维生素 B_1 以后，上述症状在3~6天后就消失了。

维生素 B_1 常在食物加热后受到破坏，所以一般人缺乏的情形很普遍。缺维生素 B_1 时还有下列症状：性格改变、不合作、无效率、健忘、脑力迟钝、精神抑郁，上述情况好似许多人都有。这些情况还会继续恶化，像极度疲倦、失眠、便秘、对声音敏感、手和脸常麻痹、血压降低、贫血、基本的代谢作用减低，心电图检查时心脏异常或扩大。冷天和运动时，这些症状就更加重。

三、米糠粗面营养高

维生素 B 群充足后，不论你吃任何食物都会觉得美味可口，但很多人

往往认为要由天然食物中摄取到天然维生素 B 群是很困难的。

米糠——就是将糙米打成白米时打掉的那些东西，它像麦胚芽一样，包含了维生素 B 群的一半营养，米糠除了可掺入面粉做小点心外，用其他方式使用成为食物，似乎很困难，因此人们该多吃糙米而少吃白米。黄豆粉里含有蛋白质、胆素、肌醇和一些消除压力的维生素，经常用它混在牛奶里喝，作为一种"加料牛奶"，将它加入面粉中作小饼吃，也很美味。不过这些食物，都要以新鲜为宜。

在美国有许多"健康食品商店"，所卖的食物均为天然未经加工的，而且未曾使用化学肥料。这些商店的主持人对营养学颇有修养，出售的食物，有石磨碾磨的含麸皮的面粉、糙米、麦片，里面均不含防腐剂．未经氢化的奶粉未加盐与加工的坚果、酸乳酪，未经特殊加工的奶粉，已受精的蛋，安全鲜奶，水果和蔬菜也是由天然有机肥料所培育成的，这些食物所含的营养，都比加工和用化肥的要高。

四、三种有效的维生素 B

维生素 B 群里，至少有三种维生素 B 有保持血液中胆固醇正常的效能，它们是胆素、肌醇和维生素 B_6。当这 3 种维生素 B 缺乏时，胆固醇会升高。

胆固醇问题淤积在大血管中，在美国人中已成为一项严重的问题，多数人相信这也是导致心脏病致死的主要原因。胆固醇问题是起自 1910 年，使用机器碾磨谷物以后，把谷物中的这三种维生素 B 和维生素 E 大部分丢掉了。后来虽然有所谓"加料面粉"应市，但那都是不可靠的。

如食物中各种营养都充足，胆固醇会分解为极细的微粒，为身体组织吸收。但营养缺乏时，它就成为较大的颗粒，不能透过血管壁为组织所吸收。胆固醇在动脉血管中淤积时，就成为"动脉硬化症"，血管的空间变小，使血液不能畅流，以致氧气和养分被组织吸收的量就减少了。不久组织就受到伤害。

大多数美国人都有某种程度的动脉硬化，1 岁之内的小孩死了，解剖尸体时也发现有轻微的动脉硬化症。1 岁大的小孩，如果只喂小儿科医生所建议的牛奶，它们的血管里也积满了胆固醇。10多岁的孩子血管硬症有增加的趋势。研究韩战时阵亡的军人，解剖300具尸体发现，这些在发育巅峰状态的小伙子，72%在冠状动脉里积有胆固醇。解剖越战阵亡的美军，情况更糟。

科学家们相信，100毫升血液中含胆固醇超过180毫克，就算是高量，对健康也是一种危害。如果高到260毫克，得心脏病的机会会大增。虽然胆固醇高的人不一定准得心脏病，但严重地妨碍了血液在心脏中与身体各部分的循环。

假如我们的营养充足，积在动脉血管中的胆固醇可以再剥落，分解成为极小的微粒，很快地被组织吸收。据试验，血管积的胆固醇再分解后，就溶于血液中，最后仍被组织吸收，使血管空间变大。胆固醇重新剥落溶在血液中的过程，有时是可以看出来的，这种剥落的黄色沉积物，因随血液循环，有时会在眼周围看出，只要我们的营养充分，在几个月内即可见效。

五、含维生素C的食物

虽然"维生素"一词在20世纪才被采用，但是维生素C在两百年以前就被人发现了，不过当时不称为维生素而已。因为缺乏它而得坏血病的人，在历史上占了相当大的比例，在1754年，有位名杰姆，林德的医生，曾写过一篇论文，说明喝柠檬汁可治疗并预防坏血病。"我们虽然住在一个各种食物丰富的国家（指美国），但是据统计有3/4的人每天所摄取的维生素C，比国家研究机构所订的标准要低。"

所有绿色的食物里都有维生素C，也称为抗坏血酸。含量最丰富的是柑橘类、番石榴、胡椒类、蔷薇科植物的番茄汁、包心菜，新鲜草莓含量也很多。凡是吃不到新鲜食物的人，常会得坏血病。

维生素E的主要功能，是协助形成连接身体全部细胞的胶原（coliagen，也称为骨骼有机物），这种胶原大约占身体全部蛋白质的1/3。它像盖房子时粘合砖头的水泥，也称为结缔组织。像关节之间的软骨，就是这种胶原形成的，其余还有我们人体的韧带、血管壁、骨髓、牙胚等，也都是这种胶原形成的，以使我们的身体结构有力和富弹性。

维生素 C 虽然是形成胶原必需的物质，但在形成胶原时，丰富的钙也是不可缺少的。钙并不是身体结构的一部分，它像是一种强力胶，来形成动物身上的结缔组织。没有维生素 C，钙不能形成结缔组织，也没有那么硬。

我们体内的强力结缔组织，其作用非常大而重要，例如细胞膜极薄，任何有害物质像病毒、毒素、危险的药物、过敏原或其他外界的物质，都很容易把细胞膜穿破，因为细胞膜是结缔组织形成的，所以就起了保护作用，使上述的有害东西不能侵入。假如缺乏维生素 C，结缔组织就破裂了，如缺乏钙会使这种组织变弱，因为防御之门大开，危害我们的东西就进来了。

血管壁必须富有弹性，以应付血液流量的增减和时、地的需要，正常的血管都是像橡皮筋那样富有弹性。如果维生素 C 缺乏，以结缔组织形成的血管壁必会受到不良影响，常会破裂，使血液流到组织内，这种轻微的出血，首先会在肠壁、骨髓和关节等地方发生，有时会引起像关节炎似的疼痛。

缺乏维生素 C，斑管壁破裂引起给出了血靠近表皮时，会出现像接任或扭伤的青颜色，虽然这些出血并不严重，但在妇女和儿童身上，通常是首次显示出缺乏维生素 C 的象征。因为男性的肌肉比女性坚韧，所以当缺维生素 C 时不会出现扭伤似的颜色，但在尉牙时会出血，这时已经到缺维生素 C 的危险程度。若能及时地补充，在 24 小时内病状就会有改善。

严重的缺乏维生素 C，会使牙齿生长迟缓，如果是儿童时代缺乏，会使牙齿延迟生长；或者停止生长，就是牙齿长出来，质地也是松软的，将来也容易蛀牙，牙床也容易感染疾病，以致牙齿早日脱落。如果服用足够的维生素 C，在几小时内，就会产生改善作用。

如果缺乏维生素 C，会使矿物质无效，骨骼也会变得软弱，易碎易断，缺乏弹性没有力量，就是吃下大量的钙与磷后，也不能储存在骨骼内，因为骨骼的有机质（胶原）在缺乏维生素C时，已变得太弱而无法储存了。

六、维生素D的作用

维生素D可帮助钙的吸收，是不争的事实。成年人事实上也需要钙这种矿物质营养，使神经松弛，有助于安睡，减少对"痛"的敏感。据美国国家研究机构的说明，夜间工作的人、年纪大的人、不常接触阳光的人，是需要少量维生素D的。但是这种说法尚有待研究。

维生素D在一般食物中含量很少，蛋黄里含有少许。鱼子酱也含有一些，牛奶里含量也少，上述食物中的含量，都与人体的每天需要量相差很远，含量最丰富的食物就是鱼肝油了。

食物或脂肪经阳光的紫外线照射后，可以产生维生素D，里面所含的维生素D就是用这个方式制成的。阳光的紫外线，照到我们表皮上的油脂时，也可以转化维生素D。

缺维生素E的人，肌肉像红血球似的，很容易受到破坏，使这些细胞里的肌酸和氨基酸随尿流失。孕妇如不吃维生素E，所生小孩的肌肉都非常软弱，致使头都不能挺直。这种孩子通常在坐、爬、站与走方面都较正常人晚。

曾有许多母亲说，她的孩子到6个月大还不会坐，但是每天吃100单位维生素E后，只需一周就坐得很好了。但听医生说吃维生素E对小孩是很危险的，停吃两周后，小孩又不能坐起了。动物如缺乏维生素E，肌肉容易裂开，或者发生疝气。现在小孩子疝气这样普遍，与缺乏维生素E也有关系。

以112位肌肉软弱、疼痛、僵硬、麻痹的病人做实验，每天吃400单位的维生素E后，病情都大有改善，老年人改善得像年轻人那样肌肉富有弹性和力量。儿童的斗鸡眼，是因为眼球后面的肌肉软弱，给他们吃维生素E后，有时也可以矫治过来。凡是眼球突出的人，缺乏维生素E也是原因之一。

以动物做实验，凡缺乏维生素E、细胞受到损害以后，就会积存少量的钙，因而软部组织中钙的积存量，会增到50%以上。据塞勒博士研究，这种情形会促使动物加速老化。甚至小动物也会如此。据他发现凡是害动脉硬化、关节炎、皮肤硬化的人，也有钙积存，钙由骨骼内转移到软部组织中，相信为人体老化的主因。以320位害皮肤硬化的小孩做实验，给他们吃维生素E后，有75%都复原了。

严重缺乏维生素E时，任何动物都会患肌肉萎缩症，如果在情况变严重前，就服用维生素E，病情复原是很快的。不过这种病在事先很难诊出，等到严重时再服用就晚了，如果营养好会减缓此种病的进展。

美国心脏病患，比其他文明国家高10倍，他们常患心脏冠状动脉栓塞，以致氧气供应不上，虽然维生素E对此种病有预防效果，但是很多医生都不知道。目前已知它可降低人体对氧的需要量，帮助溶解血凝块，刺激血管通过血凝块。以100位因血凝块造成心脏病而复原的人为研究对象，每天吃200单位维生素E，重新发病的机会比没有吃维生素E的要少4倍。维生素E可防止心脏病复发，以456位患过冠状动脉栓塞的人做实验，在他们服用维生素E期间，没有一个重发。另一组246位人中没有服用维生素E其中有23位因血凝块又犯心脏病。逃过心脏病死亡的人，血液中多缺乏维生素E，而且心电图多不规则。解剖因心脏病死亡的人时，发现他们的心上多有褐色斑点与疤痕，再分析他们的组织，也显示出极度缺乏维生素E。

凡是心脏病发作的人，每天吃600~1600单位的维生素E，不规则的心电图多有良好的转变，脉搏也归于正常，心痛的感觉也减轻了，呼吸短促也有改善。一些对维生素E有研究的医生说，维生素E比危险的抗血凝药物效果还好，如果大量摄取，会减少对氧气的需要，可使心脏病发作的人挽回生命。

假如先天性心脏不正常的人，由幼年就开始吃维生素E，不正常的情况多会恢复正常。

动物缺乏维生素E会发生脱屑性肾脏炎或肾受到伤害，因此许多医生也用它来治疗这些病患。每天吃300~450单位，对水肿很有效，对尿里有血和蛋白的异常现象，也有改善作用，对高血压和贫血也有治疗效果。有位肾病专家说，维生素E对脱屑性肾脏炎并没有治疗效用。除非有证明，他是不会给病人吃的，虽然肾受到伤害有多种原因，如果你不去试验，永远不会证明什么药物对它有效，而且任何人——包括医生在内，都没有权力使病人吃营养不良的药物。

假如维生素E摄取充足，会增加肝脏的解毒功能。我们日常接触或吃到的毒素，像防腐剂、面粉的漂白剂、残余的杀虫剂和农药、化肥、氮，又如工业上四氯化碳及各种有毒的药品等，如果缺乏维生素E，这些毒素都会伤到肝脏。因外来的毒素过多肝脏受损的人，以住院病人作检查证明，有2/3都缺乏维生素E。

健康饮水

西汉韩婴写的《韩诗外传》卷四中记载了这样的事：夏代的桀王成天不问政事，花天酒地。他酿酒成池，竟长达十里，在池里可以行船，这一池酒能供3000人畅饮。当时把开怀饮酒的人说成"牛饮"，以极言其饮量之大。这则历史故事固然有些夸张，但至今把开怀畅饮称为"牛饮"，却源于此。

池酒牛饮固然害处极大，饮水过量也对健康不利。

饮水难道还有什么讲究吗？当然有的。

这就先得弄清水在人体中的生理作用。

人体的成分大部分都是水，说来也怪有趣，如果你的体重是100斤的话，那么，其中竟有65斤左右是水。只不过这些水有的是在细胞内，不易被察觉。有的则明显的是由水构成的，比如唾液、眼泪、淋巴液等。

水在人体里都有什么用处呢？它担负的职能是相当重要的。首先，水是最好的溶剂，我们每天吃的营养素如糖、蛋白质、主要维生素以及无机盐等，都要先溶解在水里面，才能被身体吸收利用。其次，从物理性质来说，水的"比热"最大，也就是它能容纳的热量，在同样条件下，比其他物质要多。举例说，同样重量的金属和水，要使它达到同样的温度，水就要摄取比金属多得多的热量。这个特性使得我们的体温不会随着环境温度的变化一忽儿高，一忽儿低，而能保持体温的恒定。再有，靠着体内含有水分这个特性，还使得我们全身里里外外、上上下下各部分的温度都基本均匀。另外，体内生命活动所必需的各种化学反应，基本上需要在水中进行，代谢后产生的各种废物，也要溶解在水中，然后随着尿、汗等排出体外。

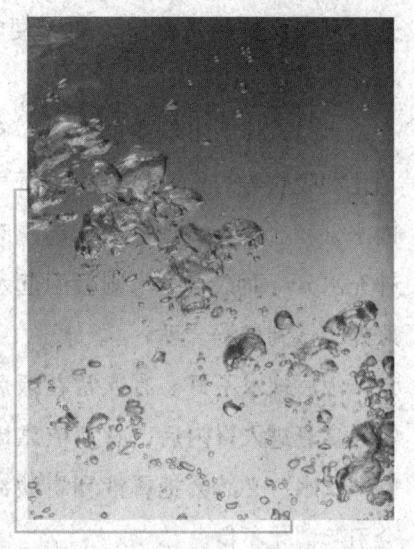

水

正是由于上述原因，人体内每天都严格保持着水分的恒定。一般说来，一个正常的成年人每天大约要摄入和排出2600毫升的水，其中从饮水、食物中摄入的占80%~90%。

为了保持水分在体内的恒定，人体能根据情况摄入所需要的水分。例如摄入少了，排出就少，排出多了（如热天大量出汗及腹泻等），就要大量补充水分。

饮水时，水首先进入胃中，如果一时大量饮水，就会把胃中的消化液冲淡，影响消化。特别是夏天，人的食欲本来就比较差，如果再大量饮水，就会更加影响食欲，长期这样做，就会引起消化不良；另一方面，大量饮水，水从肠胃吸收进入血液循环，血循环量增加，也会引起心跳加速，增加心脏负担。如果在夏天里由于出汗太多，需要补充更多的水分，则应该在水中加一点盐，因为汗液中带走了体内一定量的盐，不补充盐，光是喝水，水分会很快排出体外，反而会损失更多的水分。

水分必须补充，以保持身体的健康状态。正确的补充方法应该是，每次饮用少量的水，经常补充。热天里，应该多喝一些水，并在水中放入适量盐。据统计，长寿老人多半有每天清早起床后饮用一杯淡盐水的习惯，这样可以保持肠胃健康，使大便畅通。从年轻时即养成这种良好的习惯，有助于健康长寿。

水是人体不可缺少的成分，有助于血液流动、体温调节、营养物质的消化和吸收等的正常进行。由于气候炎热、劳动或运动时大量出汗，人体内水分和盐分会大量丢失，严重时可引起中暑。此时，人体需要通过喝水补充水分，而饮水不当则会引起水中毒或是其他疾病。可见，饮水应恰到好处，做到科学合理。

饭后饮水不好。有人常在饭后喝很多的水或汤，这是有害无益的。食物经食管进入胃内后，必须依靠胃分泌的胃液和胃酸进行消化。如果饭后立即饮水，必然会把胃液和胃酸冲淡，从而削弱胃的消化功能，长期下去会引起消化不良。

防止越喝越渴。在夏天劳动或运动出汗较多时，人体在失去水分的同时，也丢失较多的盐分，喝进去的水通过汗液排出体外，又会带走一些盐分，所以更感到口渴难忍。这时要喝些凉盐开水，但一次不能喝得太多，应当分几次喝，这样既解渴又补充了盐分。在出汗很多的情况下，饮用不含离子的所谓"纯水"、"蒸馏水"，或是"去离子水"更不可取。

口渴时，吃冷饮、喝饮料也是解渴的方法，但效果不理想，也有越吃或是越喝越渴的感觉。尤其是含酸的饮料，患有溃疡的人宜少喝为佳。不产气的果汁型饮料，含糖量较高，各种冷饮则以高脂肪和高热能为多，注意不要吃得太多。对由香精、糖精和色素配成的"三精水"，五颜六色、艳丽漂亮的冷饮，也应敬而远之，避免人工色素对人体产生的不良影响。

多吃蔬菜和水果是补充水分的好办法，既补充了水分，又提供了必要的矿物质和其他营养素，一举多得。通常，蔬菜的含水量在95%左右，水果含水量约90%。因此，食用500克水果或是蔬菜，实际上相当于喝了400多毫升的水。在夏季瓜果上市时，多吃水果比喝冷饮更经济实惠，同时又有益于健康。

有些人在口渴时，喜欢喝啤酒解渴，甚至在较短的时间内大量饮用冰镇啤酒。这于健康无益，可能损伤胃肠道的功能。故饮用含酒精的饮料应慎重，应控制饮量，最好不要喝冰镇的。

适量喝茶有益处。古今中外对茶叶的作用进行了大量的研究，都证实茶叶不仅是最佳的饮料，而且老少皆宜，适量饮用大有益处。茶叶有生津止渴的作用，饮茶可解热消暑，以饮用温热的茶为好。实验发现，饮热茶9分钟后，皮肤温度可下降1～2℃，并使人有凉快、清爽的感觉；而饮冷茶后皮肤温度下降不明显。当然，饮茶还有其他许多保健功能，如利尿、抗辐射、抗癌防癌、健美减肥、解痉平喘、防治心血管疾病等。

饮水应当"量出而入"。补充人体水分，饮水并非唯一途径，依靠吃饭、吃水果和蔬菜，也能从外界获得水分。一般，我们每天通过饮料和饮水可得到1.0～1.5升的水，从其他食物如大米和蔬菜中也可得到1.0～1.5升的水。每人每天对水的生理需要量可因季节、气候条件、劳动强度和饮食状况而不同，通常每人每天至少要有2～3升水，才能保证正常的生理代谢，满足人体需要。炎热季节或大量出汗时，补充水分要增多，但应掌握"量出而入"的原则，这样才能保证体内有足够的水分，促进身体健康。

钙的摄入

一个人因缺乏钙，常在吃东西时吞入大量空气，在打嗝时又误认为消化不良，所以他常服用苏打一类的碱性药品，强迫胃上口开放，以便打嗝容易。但是这类药物会中和胃酸，使食物中的钙不能溶解，而不能被血液吸收，胃气有时会进入肠子，使体温增高，肚子发胀后甚至感到疼痛，这样，人就变成了自己的敌人，如果服用充足的钙后，这种情况在短期内就会消失。

缺乏钙时，常会得一种不能松弛的症状——失眠症。藉药物来治疗失眠，不但伤身而且耗钱，如果能吸收足够的钙，失眠是可以避免的。牛奶中含有丰富的钙，因热食物对消化有益处，喝杯热牛奶，对安眠是有益处的。

一个人因极度缺钙而造成的失眠，喝杯热牛奶仍不够，对于这种人，建议他们再附加两三片钙，如果还是不能安眠，可每小时喝一次牛奶。20年前，一位害失眠症的医生一直认为钙片好像糖果一样的无用，但经他试验这种治疗方法后果然效果良好，后来医治失眠症的人，他也采用了此一方法。

缺乏钙还会造成肌肉紧张，常会抽筋或痉挛，如果血中的钙降得很低时，肌肉会有猛烈抽搐现象，不过其他部位的肌肉抽搐得并不太严重，只有在腿和脚部抽得厉害，如果肠子的肌肉痉挛，就会造成痉挛性的结肠炎，或痉挛性的便秘，如果能吸收足够的钙，这种情况就会消失。

正在发育的年轻人，特别需要大量的钙和镁，如果缺乏，他的脾气会很暴躁。在初潮红泛以前的少女，血液中的钙也会特别低，会变得神经紧张、失眠或牙齿易蛀，而且脾气也坏得令人难以容忍。这些年轻人如能每天在饭后和睡前喝一杯牛奶，再附加两三片钙。最好是含镁或其他矿物质的，他的脾气和性格在一夜之间就有显著的好转，当然维生素 D 也是需要的，以使钙能充分吸收。

女性血液中的钙与卵巢活动有密切关系。在月经来前一周，血液中的钙降得很低，会使女性有神经紧张、易怒、情绪不宁、心神不定等情况出现。

女性月经已来潮，这时血液中的钙更趋降低，常会使子宫肌肉痉挛，感到非常不适，特别是少女情况更为严重。在这种情况下，如果没有常吃钙片，至少在来潮一星期前要开始吃，直到经期结束，才能避免经期不适的现象。如果感到有轻微抽筋现象，每小时要吃一次钙片，直到抽筋停止。吃下钙片 1~2 小时，抽筋就会停止的。

在女性停经期中，因卵巢荷尔蒙缺乏，常发生严重的缺钙情形。在这个时期要吃大量的钙，而且要特别注意完全吸入血液中，以防止由肾脏中流失。采取了这种预防措施后，其他营养的摄取也要特别丰富，才不会有心烦、燥热、盗汗、腿部抽筋等不适症状发生。就是停经以后，假性的月经周期仍会有，在此周期中仍会造成缺钙现象，此时仍需多吃钙。

一、那么经常补钙的益处有哪些呢？

1. 补钙减肥

现在有很多肥男胖女都在为缺乏有效的减肥办法而苦恼，他们大多都不知道补钙法其实很有效，说不定会步入"柳暗花明"的新境地。科学家的解释是：人体血钙升高后可增加一种称为降钙素的激素分泌。而降钙素这种激素可降低人的食欲，减少进餐量；另外，足量的钙特别是离子钙，在肠道中能与食物中的脂肪酸、胆固醇结合，阻断肠道对脂肪的吸收，使其随粪便排出。这种方法更适宜于儿童减肥，而且没有任何副作用。

2. 补钙降压

高血压这几年来成为人们生活中被屡屡提出的名词，令人胆战心惊，主要是因为这种病多年不产生任何症状，在不知不觉中损害人的动脉血管及身体的其他器官。研究表明，对于某些人来说，不用药物而增加钙元素的摄取可能是有效的一招。南加利福尼亚大学医学院预防医学副教授杰姆斯·H·德威尔的调查显示：凡每天摄钙1300毫克的人，比起每天摄钙量为300毫克者，高血压的罹患率低12%；在40岁以下的人群中患病危险性减少24%。

3. 补钙预防心脏病

许多的研究资料显示，钙元素除了通过降低血压的途径来保护心脏外，还有一种护心方式，那就是帮助降低血液中的胆固醇。据德克萨斯大学西南医疗中心内科副教授麦克·丹可研究，每天摄钙2200毫克可减少胆固醇6%；其中危害最大的低密度脂蛋白胆固醇减少11%，而有益的高密度脂蛋白胆固醇却保持不变。总之，专家已经确认，不管是通过饮食还是补品，只要增加钙的摄取量，胆固醇情况就会好转。

4. 补钙预防近视

大家可能不知道，危害青少年视力的眼病——近视眼也会在钙元素面前"低头认错"。眼科医生告诉我们：如果眼球缺钙，眼压就不能维持正常，如同电压忽高忽低会闪坏灯泡一样而导致近视形成。因此，在近视的高发年龄段——青春期（具体说来就是十一二岁到十七八岁的几年间）补充足量的钙质，很可能会拒近视于体外。

5. 补钙防腹痛

有些孩子老是喊肚子痛，既不发烧又不腹泻，打点滴也无效，而且腹痛可在几分钟后自行消失。原因何在？据外科医生分析，这种病状很可能与体内缺钙导致肠痉挛有关。由于血钙是维持神经肌肉正常兴奋的重要因素，一旦偏低，神经肌肉的兴奋性就增高，肠壁平滑肌产生强烈收缩而引起腹痛，此时补足钙质可收到"立竿见影"的治疗效果。

6. 补钙防止肾结石

多年来医生常提醒肾结石病人要限吃钙质，理由是钙为结石的主要成分之一。但新近的研究表明，减少肾结石的办法也许是增加钙的摄取量。哈佛公共卫生学院卡里·C·柯尔汉博士的跟踪调查资料显示：三餐饮食中含钙量较多的人（每天平均1320毫克）与摄钙量最少的人（每天516毫克）相比较，罹患结石病的危险性减少1/3。

二、合理补钙

你是不是觉得补钙越多长得越高呢，所以你开始喝牛奶、吃鸡蛋、吃钙片等等，只要含钙高的你爱吃的、能吃的，就无节制地狂吃一通呢？的确，补钙是当今的一种保健时尚，但是很多人往往受商业宣传影响，不讲科学，盲目补钙，结果或事倍功半，或得不偿失。有关专家建议，补钙应该注意以下几点：你认为补钙品的确能改善自己的身体，因而你不断地服用这些产品，并且想当然地认为，只有吃得多，补钙的效果才会明显。于是，你整天抱着巨能钙、盖中盖等补品狂喝一气，以期待有好的结果出现。

很多人都知道，钙元素有强骨、固齿的作用。其实，这种矿物元素的生理功效远不止于此，它对整个身体的健康乃至寿命都有深远的影响。钙是支持生命的重要元素，像吃盐一样，人一生中的各阶段都要不断地补钙，但千万别因此被拐进"死胡同"。

钙是人体生命活动的调节剂，是人体生命之源。它能形成和维持骨骼、牙齿的结构，维持人体细胞的正常生理状态。人体的肌肉收缩、心脏的跳动、大脑的思维活动、内分泌以及免疫系统都离不开钙的参与。钙在小肠内的碱性环境下，与氨基酸结合成稳定的氨基酸螯合钙，整体进入小肠细胞，被人体吸收。

钙在人生各个生长发育阶段，从幼年到成年乃至老年都肩负着重要的生理功能，是保证人体健康长寿必不可少的重要元素。钙在人体内，一方面构成骨盐，成为身体的支架；另一方面钙以离子形式参与人体各种生理功能和代谢过程，特别是近年来随着分子生物学的发展，尤其是钙结合蛋白的发现和研究的深入，揭示了钙离子参与人体各种生理生化过程的新篇章。

钙结合蛋白是一种具有特异性、高亲和力或高亲和量，能可逆地与钙相结合的蛋白质，广泛存在于细胞内外，以其与钙的亲和力不同来感受或调控钙离子浓度，从而参与肌肉收缩、血液凝固、神经肌肉的应激性、毛细血管的渗透性、改善微循环和白细胞对细菌的吞噬，以及酶的激活、激素分泌等各种生理功能和代谢过程的催化、启动、运输、分泌功能，维持人体循环、呼吸、神经、内分泌、消化、血液、肌肉、骨骼、泌尿、免疫以及生殖等系统正常生理功能的调节作用，维持着人体细胞的正常生理状态，肩负着第二信使的重任，几乎参与一切的生命现象以及多种生理病理过程，是生命活动的调节剂。人的一生必须维持正常钙的生理水平，才能保证健康的需要。没有钙，生命活动就会停止；缺钙，生命活动就会出现障碍，疾病就会发生。

钙对人体非常重要，但也不是越多越好。青少年每日对钙的需求量是700～1200毫克。补钙时摄入的是钙盐而不是简单的钙。不同性质的钙盐，在适应性等方面是有明显差别的。如：碳酸钙不溶于水，食入过多就要消耗大量胃酸；另外补钙产品中还添加了其他成分，如维生素D，如果摄入过多补钙产品，就会导致维生素D过多症、多发性骨髓瘤等。有些人轻易相信媒体广告的吹嘘，将一些产品的性能视为万能，因而深信不疑，拼命使用，结果就会导致各种身体器官的功能障碍。

俗话说"药补不如食补"，其实我们身边含钙量高的食品比比皆是。天然食物中牛奶每百克含钙100~120毫克，每袋市售牛奶中含钙240~280毫克，而且容易被人体吸收，被认为是最理想的钙源。日本1995年的一项研究提示，牛奶对人类骨骼有"镇静"作用，可减低骨钙丢失。如果一个儿童每天喝500毫升奶，就可以补充600毫克钙，再辅以含钙丰富的蔬菜、豆制品、面包等，基本上可以达到摄钙标准。

豆类尤其是大豆制品中含有的植物性雌激素异黄酮对骨质疏松的防治有很好的作用。鱼虾蟹类，禽蛋肉类，榛子、花生、芝麻等干果，海带、木耳、香菇等均不失为钙的良好来源。豆腐在点卤过程中加入一些电解质，使蛋白沉淀，如南豆腐中加石膏即硫酸钙，北豆腐加的卤水即是含镁的盐，对骨质也是有益的。

专家建议，钙剂的补充可分早晚各1次，或早中晚各1次，一般可在进食时补充。晚上睡前服用可防止夜间血钙浓度下降引起的抽筋，而且对于改善睡眠质量也有较好的效果。贫血病人补钙与补铁的时间最好隔开，钙对铁的吸收有一定的抑制作用，同样铁对钙的吸收也不利。含磷的可乐饮料、酒精以及富含植酸、鞣酸的食物（如麦麸、菠菜等）会降低钙的吸收。维生素C对钙的吸收有一定促进作用，因此多食用富含维生素C的水果或饮用橙汁等有利于钙的吸收。维生素D不仅是钙被机体吸收的载体，而且钙只有在维生素D的作用下才能被骨骼利用。

在日常生活的细节中，要注意减少钙的损耗：食物应保鲜贮存，牛奶加热时不要搅拌以免钙的流失；菜不宜切得过碎，炒菜要多加水，烹调时间不要太长；菠菜、茭白和韭菜等含草酸较多的蔬菜，应当先用热水浸泡以溶去草酸。过量补钙不仅是一种浪费，对某些人也可能产生不良影响。在补钙结合补维生素D时，应防止过量维生素D中毒。对绝大多数成人来说，补钙量在每日2000毫克的范围内是安全的。

盐的摄入

开门七件事：柴、米、油、盐、酱、醋、茶。在这七件中，除了柴、米外，盐可能是人们须臾不可离开的调味品了，所以历来称盐为"调味之王"。

那么，每天吃多少食盐，才是最科学的选择呢？这就不仅是每个人的口轻口重问题了。对此，世界卫生组织建议：食盐的每日摄入量应控制在5克以下；国内一些营养专家建议我国人民近期摄入量应控制在10克以下；一般认为，一位体重为70千克的成年人，以每天摄入6~10克为宜。

1克食盐有多少？大约装满1个牙膏盖即是。按每日5克摄入食盐，一个人每月只要150克足矣。一家3口人，消费500克就很合适。为什么要这么严格地控制食盐量呢？这是因为食盐摄入过多，是高血压的重要危险因素之一。

近年来，这一观点已为大多数学者所认同。在世界上某些原始部落中，人们不吃盐，未见有高血压发生，而且血压也不像文明社会那样随着年龄而增高。如巴西北部的印第安人，其40~49岁男性的平均血压为14.3/8.9千帕（108/68毫米汞柱），女性平均血压为13.1/8.3千帕（98/62毫米汞柱）。

流行病学调查表明，食盐摄入水平与高血压发生率呈明显关系，如北京地区人日均食盐摄入量为16~18克，高血压发生率为9.5/万人；广东地区人日均食盐摄入量为6~7克，高血压发生率为2.5/万人。我们在江苏省扬州地区调查了463户居民，表明这些居民食盐摄入量平均每天高达16克。其中仅有4户（占调查户数的0.9%）符合世界卫生组织推荐标准。符合国内营养专家标准的占1/4，其余3/4的家庭都超过每人每天10克的建议标准。

随着食盐摄入量的增加，高血压的罹患率也相应增高。食盐摄入量在一定范围内（10~20克），每增加1克食盐摄入，高血压罹患约增加1%。高血压病人限制钠盐后，血压会下降。严格限制钠盐，每日少于5克，血压会明显下降。

食盐摄入量的多少，一般来说，与饮食习惯有关。我国民间有"吃咸有劲"的说法。

我国历史上一直很贫穷，劳动方式以体力为主。钠随汗排出较多，生理需要补充较多的食盐。在人群中，一般来说，荤食者需要盐量少，素食者需要盐量多。因为动物性食品中含钠盐较多（所以乳儿用不着吃盐）。扬州地区调查结果也表明，农村居民的食盐摄入水平（18克）比城市居民（14克）高。经济落后地区居民食盐摄入水平（19克）比发达地区居民（14克）高。

尽管在人类很难确切表明食盐的摄

食 盐

入会引起高血压，但在动物实验中却较容易见到。在实验用鼠饮食中增加钾盐，能预防钠盐的致高血压作用。原始部落的人们不吃钠盐，而无高血压，可能与他们食用大量钾盐有关。

食盐是人体既必需且又要控制的调味品，嗜盐与高血压发生有关，这就需要引起足够的重视。大力提倡平衡膳食，合理营养，限制食盐摄入量，增加蛋白质，以控制高血压病的发生和发展。

碘的摄入

我国缺碘地区每年出生的婴儿近900万。如果体内缺少必需量的碘，他们的平均智商要比非缺碘地区低10~20个百分点。在这个由"体力角逐"正在被"智力较量"所取代的国际竞争环境里，能有什么比"智力流失"更让人痛心疾首？

在我国，除上海市外，其他29个省（市、自治区）中，无一例外地都受到碘缺乏的威胁，受碘缺乏威胁的人口达4.25亿，占世界缺碘人口的40%。

在遭受碘缺乏危害的人群中，不仅会出现像甲状腺肿大、克汀病这类明显的疾病，还会出现令人莫名其妙地流产、死胎、畸形儿现象。更严重的是，他们繁衍的后代智力普遍落后。在缺碘地区，我们常可以看到这种现象：孩子长得很漂亮，身体也健康，但学习却很吃力，有的孩子上一二年级还可以，但到了三四年级，成绩就大幅度滑坡，尤其是数学，成绩更差。同样，在成年人中，貌似健全的小伙子却连最基本的农活都学不会。这类人属于智力低下的人群，虽然受碘缺乏危害的程度较轻，但却为数众多。这种潜在的危害，将随着社会的文明、进步，对民族素质构成巨大的威胁。

碘是人体在生长发育过程中必需的元素，但需要量并不多。成年人每日需要的碘量为100～150微克，相当于一个极细、极尖的铅笔在纸上轻轻擦过所留的痕迹，因此，有人把人体需要的碘称为"痕量元素"。虽然如此，它还是不能缺少。

碘是合成甲状腺素所不可少的元素。甲状腺素具有调节人体能量的转换、加速生长发育、维持中枢神经系统结构、保持正常的精神状态以及新陈代谢等重要的机能。人的一生中，每个人都离不开它。人吃不饱肚子会产生饥饿的感觉，而"吃"不到碘却无法感觉到。因此，人们把人体缺碘之类的现象称为"隐性饥饿"。这种"隐性饥饿"同样会使人体的各种生理活动出现异常。最常见到的就是地方性甲状腺肿大和地方性克汀病，以及只有轻度智力低下的亚克汀病。

克汀病或亚克汀病根源在于胚胎期和新生儿期缺碘。事实上，严重缺碘的孕妇，常常会出现早产、流产或死胎。即使躲过了上述"劫难"，生出来的孩子也十有八九是克汀病或亚克汀病的患者。

所有受到碘缺乏危害的人，无论何种病状，其共同的一点是智能下降，尤其是在胚胎期和2岁之前，智力损失更为严重。这是，因为人脑在发育过程中，有两个高峰期，分别在胚胎期和婴幼儿期。脑发育不足，智力也就失去了赖以存在的物质基础，"皮之不存，毛将焉附？"

碘缺乏危害所造成的智力低下是不可逆转的。

人体的碘是从哪儿来的？不用说，都知道是从人所生存的自然环境中摄取来的。比如水、土壤、空气等等，其中水中含碘量至关重要。如水中缺了碘，不但人不能从饮水中得到碘，就连间接地从蔬菜、水果、肉、蛋中获取碘的渠道也被切断了。所以科学家们判断一个地区是否缺碘，主要通过测定该地的水碘含量进行。一般说来，每升水中碘含量小于5微克，人群中就会出现甲状腺肿大；低于2微克，发病率就会明显增高。

陆地上的碘呈梯度分布：深山区少于半山区，半山区少于平原地区，平原地区又少于沿海地区。

碘缺乏给人类带来的危害虽然是灾难性的，但降服这头"恶魔"却并不难。基本的方法是，使缺碘的人们经久不断地补充到足够的碘。为此，人们设计了种种方案。

首先是改变或调整缺碘地区人们的饮食结构。比如经常吃些海鱼、海带、紫菜等含碘量高的海产品。其次是履行饮用和灌溉用水标准，也就是将含碘量合格的水引来取代原来含碘不足的水。第三种办法是将碘添加进某些常用的食品或饮料中，供应缺碘地区居民。目前含碘的食品有碘蛋、碘面包、碘茶、碘牛奶、碘盐等。其中碘盐已被许多国家作为一项政策推广，并列入法规管理。盐是人们日常生活中最低限度的必需品，不仅经济、安全，而且符合科学化、长期化、微量化、生活化的原则。第四种办法是对缺碘地区的特殊对象，如孕妇、0～2岁的婴幼儿，采取补碘措施，如服用碘油丸、注射碘剂等。

1990年9月，由71个国家的政府首脑共同签署的《儿童生存、保护和发展世界宣言》中庄严宣布：2000年全球控制碘缺乏危害。

我国政府对控制和消灭碘缺乏危害工作给予了高度重视。目前，采取的基本防治措施是：在缺碘地区供应加碘食盐，对特需人群补用碘油丸。在特需人群中，除了孕妇、婴幼儿以外，还有新婚育龄妇女，因为新婚育龄妇女在不久的将来，都要参加到孕妇的行列。

为了制止非碘盐流入缺碘地区市场，国家有关部门已经发出了《关于加强食盐市场管理，坚决杜绝非碘盐进入缺碘地区的通知》；同时，为了加强对特需人群服用碘油的管理，有关部门和专家共同制订了《特需人群服用碘油要则》。

猖獗了几千年的碘缺乏危害即将"寿终正寝"了。在这场为维护人类生存的世界性的大歼灭战中，我们每个人都去贡献一分力量，或奔走呼号，或操戈上阵，总之，"社稷一戎衣"——为我们民族的生存而战。

铁的摄入

人的生存需要氧，而氧能进入人体，则有赖于铁。因为人的红细胞中的血红蛋白可以携氧，并将氧分布到体内各组织器官，以增强其功能，并转化为能量，维持人的生命。血红蛋白由铁与原卟啉所构成，因而人体缺少铁就不能合成血红蛋白，就将导致缺铁性贫血，使人体组织器官供氧不足。

铁也是体内许多重要的与代谢有关酶类，如细胞色素氧化酶、过氧化氢酶、过氧化物酶、琥珀酸脱氢酶、黄嘌呤氧化酶等的重要组成成分。如果缺少铁，这些酶的活性将受到影响，随即会出现身体的代谢发生严重障碍，如肌肉缺少活力，器官功能下降，工作效率低下，正像植物缺水一样，逐渐枯萎。可见，人离不开铁，缺少铁，生命就无法继续。

人的体内总共大约有 4 克铁，70% 存在于血红蛋白与肌红蛋白中；25% 存在于肝、肾、骨髓等内脏组织中，并与蛋白结合成铁蛋白。成人每天约损失 1 毫克铁，但如果存在各种原因的失血，如妇女月经期、出血性疾病（如溃疡病出血）等情况，将会造成铁的更多丢失。生理性的丢失铁一般可通过食物并加快吸收来得到补充。妇女儿童则需要补充更多的铁。有人建议，成人每天应补充 10~30 毫克铁，儿童每天 10~15 毫克，而妊娠妇女则要补充 30~60 毫克。

含铁较多的食物，如蛋黄、瘦肉、动物内脏（如肝、肾）、鱼类、谷类、豆类，特别是绿色蔬菜，如菠菜、芹菜、豆芽，许多瓜果中均含有丰富的铁。由此可见，人们在进食甚至在用铁锅烹调食物中，可获得足够的铁进入体内。

虽然人的食物中含有大量铁，但仍然有人会出现缺铁现象，这是为什么呢？其原因无非是：进食过少，食物种类单一，偏食，体内需要量大（如孕妇及儿童），铁的丢失太多（包括生理的或病理的）等。此外，

鱼　肉

另一个常见的原因则是铁的吸收不良。人们知道，食物中的铁主要在十二指肠中吸收，吸收的速度与吸收量的多少受许多因素，如食物的种类、饮食习惯、胃肠道的功能状况等所影响。一般而论，蔬菜中的铁不及蛋、肉类中的铁易于吸收；后者则以肝脏中的铁更易被吸收，因此缺铁性贫血的病人，多食用猪肝则成为治疗饮食。食物中含有较多的磷酸盐或硫酸盐，甚至经常饮用大量浓茶等情况，可因其中的盐类与铁结合成不溶性铁化合物，而妨碍铁的吸收；而含有维生素C、氨基酸、枸橼酸丰富的食物，则可促进铁的吸收。体内的胃酸、胆汁均可使摄入的铁游离和溶解，从而促进吸收。因此当胃酸缺乏，胆汁分泌功能有障碍时，将使铁的吸收功能大大降低。

是否进入人体的铁越多越好？回答是否定的。铁在人体内的量是有限度的，由于非正常原因，使过多的铁进入人体，则会造成人体的急性或慢性中毒。这种非正常原因如误服铁的化合物（如硫酸亚铁、枸橼酸铁），由

于贫血，长期过量注射铁剂等。

误服铁盐后所致急性中毒可出现恶心呕吐、上腹烧灼感、腹痛、腹泻、便血、呕血等，也可出现肝肿大，肝功异常，肾脏损伤，出现蛋白尿、管型尿、血尿等情况。30克的氯化铁及硫酸亚铁即可置人于死地。可见人们认为铁无毒纯系误解。

过量的铁剂注射，也可导致人体内脏损伤，如肝肿大、肝功异常、肝硬化、出现腹水等；心肌炎、心电图异常、心肌酶异常；皮肤出现色素沉着，呈棕灰色或青铜色。此外，尚可出现糖尿病。

如何判定人体是缺乏铁或铁过多？通常使用的方法是测定血清中含铁量的多少。正常人的血清铁水平应是 14.3～26.9 微摩/升（800～1500 微克/升），经多次测定，低于或高于该值，都被认为属异常。

人体严重铁中毒时，需及时到专科医院进行驱铁治疗。驱铁药物目前多采用去铁胺，该药在体内可与三价铁产生络合作用，但可不对血红蛋白及细胞色素乳化酶中的铁产生作用。临床上用于治疗急性铁中毒时的成人用量为 2 克/次，肌内注射。使用该药后，尿中可排除大量的铁，肝肿大可逐渐减小，肝功恢复正常，皮肤色素沉着减轻症状消失。

铜的益处

微量元素与心血管病关系的研究报告很多，但结果相当不一致。流行病学调查与跨地区的临床比较显示，饮食硒元素的低摄入可能是心肌病和冠心病的危险因子之一。其他可能与缺血性心脏病有关的微量元素有铜等。学术界普遍认为，通过适当摄入微量元素，可达到降低心血管疾病危险的目的。

对全球来说，影响人类健康众多疾病中，心血管疾病的发病率与死亡率高居首位，在 1990 年召开的第二届国际心血管营养会议上，专家们强调了自 1930 年以来西方工业国家心血管疾病发病率及死亡率增加与营养不当之间存在着密切关系。呼吁在心脏学研究部门均应配备营养学家。他们认为对心脏病的营养干预及治疗的收效，将不亚于药物及其他技术的治疗。

铜作为动物和人类必需的微量元素，具有重要的生理生化功能。根据缺铜时间的长短及严重程度的不同，可以引起铁代谢异常、免疫功能受损、葡萄糖代谢和脂代谢异常、骨骼疾病、不育症以及心血管疾病等。缺铜引起心脏损害的最早证据来自对西澳大利亚牛"衰弱病"的研究。它主要表现为心脏的退行性变和纤维化。在轻度活动或激动后发生急性心力衰竭和突然死亡。给动物补铜可预防该病的发生。缺铜引起的心血管疾病在家禽、豚鼠中也可见到。缺铜的猪可伴有心脏肥大所致的突发性心力衰竭。鸡缺铜时，其主动脉弹性组织发生紊乱，并可能因大血管破裂而死亡。

采用人工半合成纯化饲料造成大鼠缺铜，可产生低血细胞比容、血红蛋白下降、心电图异常、高胆固醇血症等。在实验周期较长时，大鼠出现生长受阻、心室壁增厚、心室动脉瘤、心脏肥大、主动脉结缔组织异常、脂质沉积及炎性改变等。缺铜大鼠的存活天数比对照组低3~5倍。

动物缺铜与人类缺血性心脏病有许多类似之处，如均有高脂血症、高尿酸症、动脉结缔组织异常并纤维化、心脏肥大、异常心电图并突然死亡等。20世纪70年代，Klevay首先提出了膳食中高锌铜比是冠心病危险因素的假说。他认为铜的绝对或相对缺乏是冠心病的第一位重要原因。流行病学调查支持了这一假说。日本心血管病死亡率居世界最低，其中以Qkinawa最低，当地居民白细胞中铜含量显著高于从该地区移居巴西的居民及对照组英国伦敦居民，其原因可能是当地居民食用含铜较多的海产品及贝壳类动物。我们与第二军医大学合作，对我国中风高低发区15个省市千余人血及头发中元素测定发现，心脏病患者血清锌铜比显著高于对照组，且与血压及有关血脂水平相关。因缺血性心脏病突然死亡的患者，其心脏及主动脉中铜低于正常对照值，而且主动脉及冠状动脉中铜的含量随年龄的增大而下降。

长期以来人们一直认为，由于铜在自然界普遍存在，所以由于不适当的膳食摄入而引起的缺铜对人来说似乎是不可能的。人类缺铜仅可能发生在极少数长期接受全肠道外营养或先天性铜吸收障碍即 Menkes 综合征患者。但是近几年对全膳食中，铜实际测定结果表明，膳食中铜的实测值远远低于按食物成分表推算出的数值。无论西方还是中国膳食中，铜的摄入量均低于 2~3 毫克/天的推荐标准。人类可能面临边缘性缺铜的危险。有人曾对志愿者进行过实验性膳食缺铜的观察，每天摄入 1.03 毫克铜及含 20% 果糖或淀粉的食物，11 周后，248 人中有 4 人表现出与心脏有关的异常（1 名心肌梗死，2 名严重心动过速，1 名出现期外收缩）。也有人报告说给 3 名早搏病人适量补铜有较好的效果。

对于缺铜引起动物心血管损伤的机理研究表明，铜是赖氨酰氧化酶的构成元素，缺铜可抑制该酶在主动脉组织中的活力，引起弹性蛋白的交联减少，导致主动脉弹性下降。对铜在脂代谢及心血管系统损伤的作用做了许多研究，但是在这一领域仍有许多问题值得探索。

（1）动物及人类均具有内环境稳定的调节机制，即在一个较宽的元素摄入范围内，机体可保持元素在体内的稳定。只有长期的极低或极高摄入，使得这种调节机制过载或受到破坏，才可能在体内造成该元素的缺乏或蓄积，改变在粪便或尿液中的排泄，以及在体内各组织间的转运和重新分布来完成。因而尽管人类可能面临边缘性缺铜的危险，但是只要这种内环境稳定的调节机制发挥作用，那么它对健康的直接后果就不一定显著。但是当这种调节机制受到破坏而出现所谓的代谢偏移及代谢失调时，这种缺乏的危险性增加。

（2）铜与其他元素：铜与一些营养素之间存在的相互作用，影响着食物中铜的生物利用率及铜在体内的吸收代谢。比如铜与铁之间存在着既拮抗又协同的相互作用，过量补锌会造成铜的缺乏；铜与钼、硫、锰、镉等元素之间也存在相互作用。此外，不同形式的碳水化合物对铜的吸收影响也很大，缺铜加果糖或蔗糖的饲料，比缺铜加淀粉的饲料可以引起大鼠更严重的缺铜。

（3）心血管疾病是一种多因素、多危险因子的疾病。除了遗传、性别、年龄因素以外，目前较为公认的还有高血压、高血脂、葡萄糖不耐受性、吸烟、肥胖等。有些因素相互重叠，相互作用，增加了危险的严重程度（如肥胖与高血压，吸烟与高血压等）。有些因素是相互补偿的。有人观察了缺铜伴过量运动时大鼠出现中度左心室肥大。也有人观察了吸烟、饮酒对血清铜、锌的影响。因此研究铜与其他保护因子与危险因子间的相互作用也是很有意义的。

总之，铜与心血管疾病的关系，吸引了越来越多的研究者，而且这方面研究的越来越深入。我们期待着，在不远的将来能有新的突破。对心血管病的临床营养干预能找到更加合理可靠的途径。

锌的作用

锌是一种银白色的金属元素，中国早在公元7世纪就已经用熔炼法制备了金属锌。近年来的大量研究表明，锌在人体内具有重要的生理功能，它与铁等元素一样，是人体生命活动不可缺少的元素之一，在营养学上它们被称为必需微量元素。锌与人体的生长发育、智力发育、免疫功能、内分泌功能、生育功能以及体内一些重要物质的代谢密切相关，因此锌有"生命之花"的美誉。

人类利用锌，最早可追溯到公元前1500年，古埃及人应用炉甘石（一种碱式碳酸锌和氧化锌的矿石，常因杂有少量氧化铁而呈微红色）制剂治疗皮炎、湿疹等局部炎症。中医认为，炉甘石性温、味甘，其功能有燥湿、除腐、生肌、明目，主治眼翳障、皮肤湿疹等，这些都与锌元素的生理功能分不开。

一、锌在人体内的主要功能如下：

1. 锌参与人体的新陈代谢。我们的机体实际上是一个复杂的化工厂，它每时每刻都在进行着无数的化学反应，产生新的物质，排出旧的物质，即所谓的新陈代谢。这些反应都要在各种酶的参与下才能进行，而锌在体内是100多种酶的组成成分，因此，一旦机体缺锌，机体内的许多酶就不能正常工作，出现"怠工"甚至"罢工"，造成机体代谢不能进行。从而产生各种疾病，甚至引起死亡。

2. 锌能促进智力的发育。人脑的发育，主要集中在怀孕后的第20周至婴儿出生后的18个月之间。假如孕妇缺乏锌，婴儿的出生时脑细胞数目减少。在出生1年内因锌缺乏而死亡的婴儿，脑细胞的数量也少。锌能促进脑发育是通过促进细胞内的核酸和蛋白质的合成来实现的，因为脑细胞在分裂时需要核酸的复制和蛋白质的合成，如果锌缺乏，脑细胞的分裂就会受到抑制，脑细胞的数量就会减少。同样，缺锌对脑细胞的长大会受到抑制，所以锌对大脑的发育是非常必要的。据调查分析，智力高、学习成绩好的青少年，体内的锌含量高；而智力低、学习成绩差的青少年，体内锌含量则低。缺锌的人记忆力、回忆力差，四肢无力，性格暴躁，易激动，多动，精神异常，和周围的人关系不好。

3. 锌能改善食欲。锌通过参加构成一种含锌的蛋白——唾液蛋白，起到增强味觉和食欲的作用。

4. 锌能提高视觉。锌能促进维生素A的还原和视黄醇结合蛋白的合成，而后两者是维持正常视觉所必不可少的。

5. 锌能促进性器官的正常发育和性机能的正常。

6. 锌可改善机体的免疫力，从而提高机体的抵抗力。

7. 锌可保护皮肤的健康，促进创口愈合，并有美容的功效。

8. 锌还可调节血糖的浓度，协助胰岛素维持正常的血糖水平。

二、人体缺锌的主要表现

最早发现锌缺乏症是在1961年，当时有一名英国医生在伊朗的乡村发现一些儿童和青少年食欲很差，生长发育缓慢，身材矮小而成为侏儒。有的已到性成熟年龄，但第二性征发育不全，性功能低下，女孩子没有月经。临床检查发现，这些孩子皮肤粗糙，并有色素沉着，严重贫血，肝脾肿大。由于患者有严重贫血症，起初医务人员以为系由于缺铁造成，然而当给患者补充铁剂后，虽然贫血症状略有改善，但其他症状却毫无减轻。后来经营养学家研究发现，这些孩子的症状与动物实验中小白鼠缺锌的症状相似，于是就让患者口服锌制剂，果然取得了良好的效果。由于这种缺锌病首先在伊朗乡村发现，所以人们称之为"伊朗乡村病"；又因为患者的身体短小，故又称"伊朗侏儒症"或"营养性侏儒症"。以后，在印度、土耳其、摩洛哥、葡萄牙等国家，均发现了锌缺乏症的患者，特别是儿童的锌缺乏。锌缺乏症的主要临床表现是：

1. 食欲不振等胃肠道症状。患者饮食下降，味觉异常，常会出现喜欢吃泥土、石子、纸张等异常表现，医学上称之为"异嗜癖"。

2. 生长发育停滞、身材矮小，形如侏儒。锌缺乏还可引起骨骼的异常，表现为下肢关节出现炎性改变。

3. 青少年缺锌可出现性发育缓慢，性成熟延迟，性器官呈幼稚型。性功能下降，精子减少，第二性征发育不全，月经不正常或停止，没有生育能力。

4. 锌缺乏时，还可出现贫血、伤口愈合缓慢、皮肤粗糙、肢端皮炎、易患感冒等。孕妇缺锌甚至可引起胎儿畸形。

5. 缺锌时，人体内许多器官和血液中的锌含量均下降，甚至头发中的锌含量也下降，因此，头发中的锌含量可作为判断体内是否缺锌的指标之一。目前一些医院、医学院校、研究所等医疗单位都能进行测定、评价。

三、如何预防锌缺乏症

我国也是锌缺乏症的高发国家之一，但严重的缺锌症比较少见，大多数是轻度缺锌。据调查，我国大约有40%的儿童处于边缘性缺锌的状况。笔者也曾在江苏省做过调查，幼儿园中3～5岁的儿童轻度缺锌的发病率为22%。1988年中国营养学会制定了我国各种人群锌摄取量的标准，其各年龄组的锌摄取量应达到如下标准：初生至6个月，每天3毫克；7至12个月，每天5毫克；1岁至10岁，每天10毫克；10岁以上，每天15毫克，孕妇和乳母，每天20毫克。据调查，我国有部分儿童每日从食物中摄的锌量，仅达上述推荐供给量标准的50%。

防止锌缺乏的最主要措施是调整膳食结构，合理搭配食物，合理烹调食物，不偏食，少吃零食，多吃富含锌的食物，婴幼儿要尽量采用母乳喂养。也可适当进食一些锌强化营养保健食品。一般来说，动物性食物中锌含量比植物性食物含量高，海产品的含锌量也高。食物含锌量从高向低依次为：海产品、动物性食品、豆类谷类、水果、蔬菜。一些含锌量较高的食物是：牡蛎、麦芽、酵母、牛肉、瘦猪肉、猪肝、茶叶、干酪、海带、花生酱、鸡肉、黄豆、面粉等。动物生食物不但锌含量高，而且其吸收率也比较高。例如，肉类中锌的吸收率高达30%～40%，而植物性食物吸收率一般只有10%～20%。因此，在评价食物的营养价值时，不仅要考虑其锌含量，还要考虑其吸收率。海产品中，海藻类如海带、**紫菜**中，也含有较高的锌，各种植物性食物中，豆类、坚果中含锌较多，蔬菜以大白菜、萝卜、茄子中含量高。

从锌的营养角度来看，谷类食品越是加工精细，锌和营养素的损失也越高，有人测定，精白面的锌含量只有小麦的1/4。另外蔬菜中的草酸、植酸也会抑制锌的吸收。

当然，含锌丰富的食物要经常吃，但也不能一下吃得过多，这样不但造成浪费，有的还会引起锌中毒，特别是有些孕产妇连续大量食用各种动物肝脏，而引起中毒。另外1次或多次大量服用锌制剂也会产生中毒。

严重锌缺乏的患者应及时去医院诊治。目前常用的锌制剂有硫酸锌、醋酸锌、氧化锌、乳清酸—精氨酸锌、甘草酸锌和葡萄糖酸锌。葡萄糖酸锌效果好，且副作用较小，是目前常用的锌制剂。治疗浓度以生理浓度为宜。治疗剂量无统一规定，一般每天口服不要超过120毫克锌离子，也不宜长期服用，以防中毒。

药补不如食补

多吃蔬菜和水果可以防癌已成为共识，其中含有的抗氧化营养素（微量元素和维生素），被认为是主要活性成分。公众（特别是一些西方国家的群众）受一些新闻报道和不可靠的调查实验结果的影响，以防病保健为目的，长期大量服用多种市售的微量元素和维生素制品，不少制剂已经进入中国市场。我国的保健品厂商也生产这个保健丸、那个营养液，声称服用他们生产的保健品，可以预防癌症、心脏病，延年益寿。其中，维生素A前体β-胡萝卜素的作用，最为引人注目。大量流行病学资料一致表明，β-胡萝卜素对肺癌和胃癌（可能还有食管癌）有预防作用。为此，美国食品与药物管理局曾打算在强化β-胡萝卜素的食品标签上，允许标明"有利于癌症预防"的字样。然而，近年来几项针对肺癌预防的人群进行的干预研究证明，不仅未能显示β-胡萝卜素的防癌作用，反而提示其可能有增加患肺癌的作用。

首先报道的是1986~1991年在中国河南省林州市开展的一般人群癌症预防干预试验。29584名49~69岁成人服用多种微量营养素达5年。其中有一半人每天服用β-胡萝卜素15毫克、维生素E30毫克和硒50微克，其各种癌的死亡率减少13%，发生减少7%，胃癌发病减少18%，但对食管癌没有明显影响。在同时进行的食管上皮恶性增生的干预试验中，33188名40~69岁成人服含15毫克β-胡萝卜素、60毫克维生素E和50微克硒等复合营养素或安慰剂，结果干预组食管癌与贲门癌死亡率减少8%。由于采用的是复合微量营养素，因此不能排除干预试验的有效结果，可能是β-胡萝卜素以外的复合微量营养素的作用。

其次，1991年4月报道，在芬兰进行为期7年的大规模双盲人群试验，研究维生素E和β-胡萝卜素对吸烟人群肺癌的预防作用。试验开始于1985年，1993年结束。对象为29133名50~69岁男性吸烟者（每天5支以上）。随访5~8年的结果显示，每天服用20毫克β-胡萝卜素的肺癌发生率，比未服用β-胡萝卜素的对照组增加18%，同时缺血性心脏病与脑卒中的发生也有增加，总死亡率增加8%。鉴于这一干预试验设计严密、规模较大、实施情况良好，学术界普遍认为其结果可信，因而，给方兴未艾的研究β-胡萝卜素防癌作用的热潮投下了阴影。然而，也有人认为，造成这一结果的原因，可能是由于所观察对象为重度吸烟人群（平均每天吸 20 支达 30 年）。因此，并不能排除 β-胡萝卜素对不吸烟者或少吸烟者有防癌作用。尽管这仅仅是一项 β-胡萝卜素干预试验结果，还有若干项同类试验正在进行，但是美国食品与药物管理局据此推迟了允许在强化 β-胡萝卜素的食品标签上标明"有利于癌症预防"的字样。

正当人们热切地等待新的研究报道之时，1996 年 1 月，西方新闻媒介又报道了两条这方面的新闻，引起了科学家乃至消费者的震动。其中一项由西雅图的华盛顿大学癌研究中心主持，在美国 6 个地区进行 β-胡萝卜素和视黄醇有效性试验。研究目的是观察每人每天服用 30 毫克 β-胡萝卜素加 25000 国际单位维生素 A 是否有预防肺癌的作用。有 14254 名 50～69 岁现仍吸烟或试验前 6 年内戒烟的前吸烟男女人群（平均每天 20 支达 20 年）和 4060 名 45～69 岁有 15 年石棉接触史的男性参加试验。近 4 年的中期试验结果显示：服用 β-胡萝卜素与维生素 A 一组死亡率较对照组增加 17%，肺癌发生率增加 28%。原计划干预试验为期 5 年以上，但由于这一中期结果，整个干预试验提前 21 个月于 1996 年 1 月 13 日终止。

另一项是由哈佛大学医学院主持的，在 1995 年底结束的美国医生健康研究。这项 1983 年开始的研究，共有 22071 名 40～84 岁男性医生参加，其中吸烟者仅占 11%。目的是观察每间隔 1 天服用 50 毫克 β-胡萝卜素，是否对癌症和心脏病具有预防作用，及低剂量阿司匹林是否可以减少心脏病的发生。阿司匹林试验在 1988 年由于被证明有效而结束，β-胡萝卜素试验于 1995 年 12 月 31 日结束。这一长达 12 年的人群试验，未能证实 β-胡萝卜素具有防癌作用或预防心脏病作用。与医生健康研究相类似，女性健康研究开始于 1992 年，对 40000 名 50 岁以上的女性卫生工作者每日服用 30 毫克 β-胡萝卜素、600 毫克维生素 E 和低剂量阿司匹林，观察其对癌症和心脏病的预防作用。鉴于上述 3 个干预试验的结果，女性健康研究也停止服用 β-胡萝卜素，仅继续给予维生素 E、阿司匹林或安慰剂观察其效果。由美国国立癌症研究所和北京市肿瘤防治研究所组织，在中国山东临朐县进行的胃癌营养干预试验，也正在认真考虑是否应停止 β-胡萝卜素的服用。

鉴于以上几个干预试验，均由美国国立癌症研究所资助，为此，美国国立癌症研究所对于这一结果向公众作出的官方解释如下：

（1）美国国立癌症研究所从未推荐采取服用维生素制剂的方法来补充营养素不足，而主要应从膳食中摄取足够的营养素；

（2）吸烟者最好的预防肺癌办法是停止吸烟；

（3）芬兰研究和美国的有效性试验，提示吸烟者应该避免服用含β-胡萝卜素制剂；

（4）医生健康研究和林州市的干预试验结果，未能揭示不吸烟、补充β-胡萝卜素对健康的有利与有害影响；而芬兰研究和美国的有效性试验，则未提供补充β-胡萝卜素对不吸烟者健康影响的信息。因此，美国国立癌症研究所不推荐服用含β-胡萝卜素的制剂。

尽管迄今为止人群干预试验（林州市的研究除外）均未能表明每天服用20~30毫克β-胡萝卜素对肺癌和其他癌症有预防作用，但并不能推翻过去研究所得出的蔬菜和水果对癌症具有预防作用的结果。后者研究得出的血中β-胡萝卜素水平高，能减少发生癌症的机会，与干预试验结果不相矛盾。因为膳食β-胡萝卜素摄入量是通过蔬菜和水果计算而来，而非直接服用β-胡萝卜素；所以蔬菜和水果中可能含有与β-胡萝卜素相平行的防癌物质（包括β-胡萝卜素以外的类萝卜素），并未证实β-胡萝卜素本身有预防癌症的作用。为此，减少某些癌症发生的最好办法，是多吃各种蔬菜和水果。从营养学观点出发，人体补充营养素不足的方法，不是靠吃各种维生素与微量元素的口服液或片剂，而是靠平衡膳食。总之，药补不如食补。

良好心态有助于良好的身体素质

心理素质的重要性

心理素质是一个人综合素质的基础,心理的健康发展是最基本的人生课题。

一、当今青少年需要高度重视培养成就动机

"动机+智商=成功"。现在不少青少年缺乏"巅峰体验",原因是没有全力以赴去做某些看起来不可能的事情。美国心理学家麦克里兰提出"成就需要理论",其要点为:

1. 具有高度成就动机的人的数量和质量是一个公司最宝贵的资源。
2. 具有这种高度成就动机的人是可以培养的。学校培养出来的学生,应该有强烈的成就动机,有了它,就拥有三种最重要的东西:自觉性、主动性、创造性,就不会被一些小小的心理问题所纠缠。

二、将成就动机转化为现实追求——P.T.战术

现在有两种人才:普通型(P)和特长型(T)。理想的情况是将两者结合起来,即日常的学习、工作不差做,合于规范,又在某一两个方面形成自己的特色,从而建立自己的信誉。信誉是将高成就动机需要转化为现

实成功的关键。如果你能够找到自己的特长并创造条件把它发挥出来，你就能够逐步赢得自信，取得成功。

三、保护而不要污染你的小环境

美国国家科学委员会一份关于青少年教育问题的调查报告指出：人际交往能力和专业成绩相比，如果前者不是更加重要的话，至少是同等重要。日本大型企业在录用大学毕业生时，注重独立人格甚于学习成绩。良好的人际关系包括沟通能力、合作能力和主动关心别人的意识。关心集体、关心他人从某种意义上讲是更好地关心自己。一个孤芳自赏的人不可能成为现实生活中的成功者。青少年应着力培养班级内、寝室内良好的人际关系。

四、正确面对现实的自我和挫折感

真正站在顶峰的总是少数人，因此成功感总是相对的。人生难免有很多挫折。面对挫折，必须做到：

1. 重视自己，接纳自己。如果不能接受自己，就不能真正地发展自己。
2. 要有一个正确的行为模式：集中精力去干你手头的事并尽力干出最好的结果；当在这个问题上无进展时，要有一种补偿能力，开辟新的领域；当你处在下滑阶段时，一定要稳住。一个人受挫之后，通常情绪恶劣，产生烦恼和失望，容易意气用事，导致意识模糊，从而受到新的挫折，这是一个恶性循环。所以受挫时一定要保持沉着和理智，即"平常心"。因为有竞争就有胜败，无论如何都要输得起。

保持健康的心态

俗话说："自古成功多磨难。"青年在开始扬起生活风帆的时候，面临着一系列严峻的考验：升学、就业、成家、成才……度过这些关卡的确很不容易，甚至可能屡遭挫折。如考大学落榜，就业无门，爱情之花迟迟不开放，有些人还可能遭受疾病伤残、流言蜚语、家庭不和、同志误解、领导不公等折磨，面对这些"厄运"，有些人沉沦了，有的人甚至产生了轻生的念头。

产生轻生念头的青年，内心往往是十分复杂的。有的是看不到出路，失去了生活的勇气；有的是自尊心严重被挫伤，感到无地自容；有的是情绪困扰不能自拔；但大部分是悲痛发展到极端的一种心理表现。其实，这种念头是十分错误的。一帆风顺、万事如意、没有任何挫折的人生，可以说是不存在的。人生本来就是一场接一场的搏斗，作为革命青年，时代更是赋予了我们进击与开拓未来的历史使命，怎能面对一时的困难就退缩，轻易地告别人间，以一死求解脱呢？

当你产生轻生的念头时，请记住三条：

一、要冷静三思。想一想生你、养你，从你呱呱坠地到长大成人为你受尽辛劳、两鬓凝霜的父母，想一想党和人民为培养你所花费的心血，想一想自己肩负的责任，想一想多少世代受苦难的人民曾有的美好愿望正在祖国大地逐步变为现实，个人所受的屈辱与不幸又算得了什么呢？

要想一想，古往今来多少伟人经受过多大的痛苦，遭受过多大的凌辱，然而他们都是生活的强者。司马迁曾受过非人的腐刑，身陷囹圄；贝多芬作为音乐家竟遭聋疾，完全丧失听觉；居里夫人的脑海中也曾因失恋两次闪现过自杀的念头。但是他们不但从困境中挣脱出来了，而且反过来扼住了命运的咽喉，创建了光辉的业绩，名垂千古永不朽。

再想一想，我们的革命前辈，彭德怀、陈毅、贺龙等老一辈无产阶级革命家，他们面对"四人帮"的残酷折磨和迫害，从不低头，也从未失却生活的勇气。高山仰止，景行行止。我们这些后来者不应该以他们为楷模吗？

二、要敞开心扉。青年的轻生行为时常发生在孤独感到达顶点的时候。自甘孤独往往给青年带来不良后果。为此，寻求知音，请他们帮助自己排解心中的忧伤，使自身感到人间的温暖，就能防止轻生行为的发生。

三、要学会自慰。自慰是求得自我解脱的好方法。自己安慰自己，自己吃"宽心丸",往往能舒胸理气,这就要善于从不幸的境遇中,多想想自己的有利方面,以未来的光明前途慰藉自己,这样,常常会达到较好效果。

乐观与悲观

据说,宋朝有三位诗人,虽然在其诗句中写的都是黄梅时节的气候,但所描述的情景却迥然不同。第一位写的是"黄梅时节家家雨",第二位却说"梅子黄时日日晴",而第三位所写恰巧是两者的折中:"熟梅天气半晴阴。"那么,黄梅时节的气候究竟是什么样的呢?这里既有一个现实问题(诗人所处不同地区会有不同情况),又有一个看法问题。因为诗人的描绘往往带有主观情感的色彩。

具有不同感情特征的青年人,对客观事物的体验往往也是各不相同的。

乐观的青年总是能够体验生活的光明面,即使遇到挫折,他们也会矢志不渝、百折不挠,因为他们懂得,挫折是成功之母,黑暗尽头是光明。蹉跎岁月对他们来说是不存在的,他们经历的总是难忘的峥嵘岁月,因而必然会战胜严寒,迎来明媚的春天。相反,悲观的青年常怀着忧郁的心情看待生活,有如戴上了一副有色眼镜,总感到一切是灰蒙蒙的。遇到挫折,终日长吁短叹,啃嚼着苦果;面对着黑暗,便觉得万念俱灰,绝望消沉。这种心理反应是极为有害的,它不仅会削弱意志,还会破坏一个人的心理健康与生理健康,长此以往,终会酿成疾病,自误终生。为此,应当引起青年朋友的警觉。

要做"乐天派",不做"唉声派",这是青年人保持情绪健康的一个重要前提。

乐观,并不是盲目的自满,也并非是用罗曼蒂克的幻想去看待一切,取代一切。革命的乐观情绪是建立在实事求是的基础之上的。因此,一切从客观实际出发,善于用唯物论与辩证法的观点分析、处理一切事物,是打开乐观大门的金钥匙。

乐观，也不是无视困难，恰恰相反，而是时刻准备迎击困难。毛泽东同志说过："与天奋斗，其乐无穷；与地奋斗，其乐无穷；与人奋斗，其乐无穷。"在搏击困难中感受的欢乐，是一种剔旧脱俗的欢乐，它是无法用言语形容的。

乐观，还能使人在困难中看到"远方的太阳"，他们坚信终于会同美好的人生拥抱。这种坚强的信念，能够使他们获得大智大勇，将一切困苦统统踩在脚下。

青年人的情绪常常不够稳定，如果只是一般的情绪起伏，倒也无关大局；但是，如果由于某种原因，长期处于恼怒、忧郁、悲痛欲绝的情结状态中，不仅工作会受到影响，也会严重损害身体健康。

据科学家对长寿老人的调查发现，他们之中有96%的人自称是"乐观主义者"。难怪有人诙谐地说：一个城市增加一个马戏团的"小丑"，比建一所医院对人们的健康还有好处。保持乐观的情绪，肯定是治疗疾病的有效条件之一。据俄罗斯外科医学家罗戈夫在长期医疗实践中发现，胜利者的伤口比失败者的伤口愈合得要快一些、好一些，这是因为胜利者有快乐的情绪。

为什么欢乐的情绪能促进身心健康呢？

第一，欢乐的情绪对于大脑皮质、皮下中枢神经及其植物性神经活动会发生作用，使神经活动消除紧张状态，这对于大脑皮层功能的调节，对于皮下中枢神经与植物神经系统的正常活动都有着良好的作用。我们知道，中枢神经是人体的"指挥部"，"指挥部"运转正常，就能有效地保持各部分机能发挥正常的作用。

第二，欢乐的情绪可以使人笑逐颜开、心情舒畅，这时，会影响横膈肌运动加强，呼吸加深，肺活量增大，氧气供应充分，同时，还能间接地运动心脏肌肉，促进血液循环。不愉快的情绪，通常和骨骼肌及内脏器官肌绷紧的情形同时产生，如果长此以往，就会引起肌肉的其他病变。

第三，欢乐的情绪会影响腺体活动，改善激素与消化液的分泌。实验证明，欢笑时消化液分泌量增多，而且帮助消化的酶素也特别增多。许多人有这样的体会：精神愉快时，吃得香，吃得多，消化也好；而在惊恐、焦急、愤怒中，马上会食欲全无，勉强吃一点也会感到胃部堵塞，难以下咽，这是胃肌紧缩的缘故。有时胃紧缩得太剧烈还会出现剧痛。发生这种剧痛的人，50%是因为情绪不佳引起的。有人做过调查，3/5的癌症患者是精神上受过创伤或长期心情抑郁的人。这是由于精神忧郁导致人体自身抗病力下降的缘故。

第四，人体在正常活动情况下，每分钟呼吸16～18次，情绪紧张时，每分钟要呼吸22～23次。呼吸加速时，肺从血液中所吸收的二氧化碳，将超过身体所制造的分量。结果会发生皮肤有小虫爬似的感觉，接着指头与手臂感到麻木，直到浑身的皮肤产生似乎有针尖扎过的感觉。如果是心脏病患者，由于情绪剧烈变化，还会导致心动过速而骤然死亡。

因此，青年人一定要加强思想修养，遇事要心胸开阔，注意保持乐观的心境和清醒的头脑。同时，要创造良好情绪条件，做到张弛结合，良好的情绪才能造就良好的身体素质。

喜悦与烦恼

有的青年在生活中，常常充满着喜悦，有的却时常会有烦恼，这是两种迥然不同的心境状态。情绪往往对身体健康的影响也很大。

青年的烦恼，大多是由于个人需求未能获得满足而产生的。例如，考试成绩不好，就业未能如愿，恋爱婚姻遭受挫折，对工作不满意，等等，都会使青年一时心灰意懒。然而，青年若能胸怀豁达，不沉湎于一时的得失，而注重从对明天的希望中寻求喜悦，那么，他就可以摆脱烦恼的羁绊乃至一切个人的痛苦与不幸，使自己的心境状态变得正常，健康起来。

著名书画家范曾年轻时曾有过许多烦恼，如爱情的挫折，经济的窘迫，亲人的病亡，谣言的中伤，等等，然而，任何时候，他都从未让烦恼缠绕。有一次，他欣然题画抒怀，词云："作画平生万万千，抽筋折骨亦堪怜；能容毁誉风中过，坐看烟云笔病穿；脏腑从来存雅致，丹心自侵透真坚；世人问道江东子，笑指山村别有天。"立定志向，不为外物所动，不为荣辱所扰，这就是书画家范曾战胜烦恼、赢得喜悦、斗志不衰、获致成功的"诀窍"。

仔细思忖，烦恼实际上只是一种徒然的自我折磨，因为它不会给人以激励，不会施人力量，反只会催老人的身心，盗走人的青春。容忍它的存在真是有百害而无一利。只要我们保持平和的心态，不让乌云遮住眼睛，一切个人的不幸与痛苦就会变得渺小和微不足道，也就能让喜悦常驻、烦恼匿迹了。

范曾

请君息怒

传说春秋时期有个蓝田侯叫王述，性格本来十分暴烈，针对这个弱点，他在与人相处时，就很注意自控，轻易不为旁人所激怒。有一次，谢无奕气势汹汹地骂上门来，大吵大闹，当着王述的部下，说了很多难听的话。王述始终强压性子，默然面壁而立，一声不吭，直到谢无奕离去很久，他才回头问部下："他走了吗？"部下回答："走了好大一会儿。"他长吁一口气，转过身来，继续办自己的事情。

王述息怒的办法值得青年人借鉴。青年人发起脾气来常常会暴怒，一旦失去理智的控制，后果往往不堪设想，甚至长此以往，对身体不利。因而，掌握"息怒"的心理技巧十分重要。

时时律己是"息怒"的首要前提。如果首先不是"律己"而是"律他"，岂不是火上浇油，只会加剧矛盾冲突，导致更严重的后果吗？

善于转移制怒的兴奋点也很重要。人在愤怒时，往往在大脑皮层中出现强烈的兴奋点，以致造成"意识狭窄"现象，而且这种有害的兴奋会进一步扩散开来，影响理智。为此，在"怒发"尚未"冲冠"之际，要善于运用理智转移兴奋点。比如，强制自己不干这件事，而去干别的事情；有意躲开一触即发的"触媒"，——诸如引起不快的环境，争吵对象，等等。愤怒情绪发生的特点在于短暂，待"气头"过后，再解决矛盾，往往能够心平气和。俗话说，"风平而后浪静，浪静而后水清，水清而后游鱼可数"。平心静气地解决矛盾，往往可以收到理想的结果。

　　青年人的暴怒往往是被人激怒造成的。因此，当眼看某个青年就要被激怒之时，周围的人应从关怀他的角度出发，主动帮他"撤火"，"降温"，并制止别有用心的人借机"火上浇油"，这也是帮助青年息怒的可行办法。

　　心平气和，自然身体康健，身体素质也就日渐攀升了。

紧张调节

　　从心理学角度来看，紧张是一种情绪状态。一个胸怀壮志的青年人一旦投入火热的社会生活激流之中，大多会产生一种紧张感。从整个人生着眼，生命有限，青春更有限，人的生命之弦应该拉得紧一些，才能奏出高亢激越的乐章。如果老是松松垮垮、慢慢吞吞、悠哉悠哉，毫无紧迫感，那样的人生和青春必然是暗淡无光、无所作为的。

　　然而，要紧张，但又必须保持适度。因为过度紧张，有害身心健康。首先它会引起生理机能的一系列变化：血压增高，呼吸、心跳与脉搏跟着加速，血液循环也会随之加快。这时，肝脏中储存的糖分就会再回到血液中来，提高血中含糖量，而血液也将把营养大量输向大脑及肌肉组织，对其他部位的糖分供应则有减低的倾向；为了降低能量消耗，消化器官的活动也会减慢，甚至完全停止；这时血小板较平时增加很多，因而血液比较容易凝固。这一连串的反应，心理学称之为"应急反应"。

如果适度紧张,人体对这种"应急反应"还能够适应,如果经常过度紧张,"应急反应"就会出现失调现象,或引起一系列病理反应,甚至导致疾病的发生。可见,适度紧张是维持人体健康生活的必要条件。青年朋友万万不可忽视。

适度紧张也是提高工作效率的有利因素。我们知道,在从事某种紧张活动时,大脑皮层相应神经中枢部位及各部分器官的有关部位,总是处于"兴奋"状态,但这种"兴奋"是有一定限度和一定条件的,持续一定时间后,"兴奋"就会转为"抑制"状态。因此,在这个时候,就应该改换一下劳动形式与内容,转变"兴奋"的部位,使之暂时获得"休息",然后,再兴奋起来,这样才能使大脑及各部分器官经常发挥有效的作用。日本心理学家荒井曾用直接法做过一个著名的试验。荒井心算能力很强,他连续做了四天的乘法心算,采用的题目是由四位数乘以四位数,每4题一组,每天做17组,共68题。每组题做完之后间隔一两分钟。结果他做第一组题用20分钟,而做最后一组题要用47.1分钟。试验说明,从事长时间紧张的脑力劳动,开始的工作效率与最后的工作效率相差竟达2倍以上。

当青年人处于过度紧张状态时,往往会表现出恐慌、愤怒,惊吓。比如,考试紧张、球赛竞技状态不佳、与人争吵、面临未曾预料到的强刺激,等等,都可能产生上述情状。为此,必须注意防范。

第一,要认清过度紧张的危害,特别是要摸清引起自身紧张过度的因素,可排除的则设法及时排除。

第二,检查主观动机。从事任何活动,如果没有正确的动机。一旦愿望与现实发生冲突时,情绪就可能立即爆发出来。比如,身临考场,过分担忧个人得失,就可能一见考题偏难,就不知所措,本来能够答出的题目,也因心慌意乱而"再也回忆不起来"。如果我们做好了接受祖国与人民挑选的思想准备,不斤斤计较个人一时得失,就会坦然自若,保持心境平和,情绪安定,从容适应考场环境,发挥出应有的水平。

排除个人杂念,临危不乱——这一点的重要性,在体育竞赛场上表现得格外明显。我国女排在多次国际比赛中就是依靠这一条,挽回危局,反败为胜，拿下冠军金杯的。

第三，从每一次实际经历中总结教训，逐步提高适应各种环境的能力。这样，当各种"刺激"袭来时，就能"兵来将挡"，"水来土掩"，泰然应变了。调解紧张情绪，有助于身心健康成长，从而使身体素质大大改善。

心境调节

儿童时常有"破涕为笑"的情结特征。生活中常可见一些孩子正在号啕大哭时，如果恰有一个意想不到的好消息传来，他们就会马上转悲为喜，泪迹未干便发出"咯咯"的笑声来。这说明，只要直接刺激因素消失或改变，儿童的情绪与情感就会随之而发生变化，很少会转为一种持久的心境。心境是激情的后续，是埋在心底的比较持久的情绪状态。

与儿童相比，青年有明显的不同。尽管情绪状态也比较短暂，但其余波会持续下去，要影响其后相当长时间的活动与心理状态。这种情绪的"心境化"，是青年感情的又一个显著特征。

生活中，我们如果留意观察就会发现，在亲人的离别与逝世、恋爱的成功与失败等情况发生时，或面临高考与准备就业的关键时刻，青年"心境化"表现格外明显。

青年的"心境化"是不可避免的。然而，为了事业的需要，学会控制自己的心境却是完全必要的。比如，失恋是痛苦的，但是听任痛苦的心境困扰自己，整日无精打采，陷入苦海，无心工作，岂不是变相的自我伤残？又如，寻觅到志同道合的伴侣并确立了恋爱关系，无疑是可喜的，但是，如果成天想入非非，忘乎所以，有时也会产生荒嬉青春的副作用。如果不是"唯有国魂最可贵"，电影《沙鸥》中的女主人公又怎能强忍失去亲人的痛苦，以坚韧不拔的毅力去夺取金牌呢？可见，控制心境，是青年健康成长的需要，也是完善个性品质所不可缺少的，也是强健身体素质的关键步骤。

控制心境，关键在于培养高尚的情操。高尚的情操是情感发展成熟的标志，也是控制心境的"尚方宝剑"。有了它，就可以拨开心灵之上的层层迷雾，使头脑始终保持清醒的状态。

控制心境，还要求青年学会掌握自己情感发展的脉搏。比如，要摸清自己最动"心计"的地方，时刻准备进行有效的控制或调节；同时，还要勇于对自己不断地进行心理解剖，这样，不仅对于控制心境能产生良好的效果，还能有益于身心健康。

远离孤独

有些青年人常常觉得自己就像漂流在茫茫大海上的一叶孤舟，面对大海的雄观奇景，他们毫无喜色；遇上惊涛骇浪，他们也无动于衷。心理学称这种情感体验为孤独感，是一种感到与世隔离、孤单寂寞的心境状态。

我们知道，人的本质是一切社会关系的总和。作为个体的人，总是生活在一定的社会生产关系之中的。人们之间若没有社会性的相互联系、相互依赖，人就不能生存与发展。

那么，人的孤独感是如何滋生的呢？

首先，对投身的事业缺乏炽热感情，对社会生活实践冷若冰霜，总想寻求与世隔绝的"桃花源"生活，久而久之，就会产生孤独感。

其次，如果客观上缺乏社会交往，或是不能与交往对象发生某种特定的关系时，比如，不给人施以温暖、爱抚、同情、安慰、支持、帮助与鼓励时，不能给人以实现合理目标的可能性时，也往往会引起人的孤独感。

但是，人的主观世界的状况，即人的世界观、气质类型及性格特征等不尽相同，对客观世界的感受也会不同。有的会产生孤独感，有的却恰恰相反。德国著名的无产阶级革命家卢森堡在被敌人关押在阴暗的地牢里的时候，尽管与世隔绝，但她却仍然十分乐观。她在给友人的信中充满激情地写道：在整个世界上凡是有云彩、有飞禽、有人的泪痕的地方，都如同在家乡一样。我国南宋著名思想家、文学家陈亮，曾六次上书朝廷，批评时政，提出富国强兵、抗金统一的主张，结果两次被诬陷入狱，但他始终不觉孤独。他曾写了一首咏梅诗："疏枝横玉瘦，小萼点珠光。一朵忽先变，百花皆后香。欲传春消息，不怕雪埋藏。玉笛休三弄，东君正主张。"作者咏梅言志，他要人们不要吹奏那种悲伤的笛曲，说现在正是由春神主宰着世界呢！

可见，人能够正确对待客观世界，孤独感并不会发生。

有位心理学家曾讲过："人类得到感情上的满足有四个来源：恋爱、家庭、朋友和社会。一个人的孤独程度，取决于他（或她）同这四个方面的关系如何。"一些青年在与社会、朋友、家庭、恋爱四个方面的关系上出现了种种曲折，便自称"看破红尘"而心灰意懒了。例如，有的感到人际关系冷漠，有的苦于得不到理解；有的长期徘徊在爱情的大门之外；有的虽然建立了家庭，婚后却缺乏感情……这些，都加深了某些青年的孤独感。

青年如果时常感到处于孤独之中，这种体验是有害的。它不仅会使人丧失青春活力，而且很容易步入歧途或是变成有神论者。到"上帝"与"菩萨"那里去寻求精神寄托，或是酗酒、纵欲、轻生，严重的还会走上犯罪道路。

心中包容整个世界，把个人永远融于芸芸众生的海洋之中，这是战胜孤独的根本。

仿效先哲与革命前辈，投身到事业中去，一个人就不会被孤独的锁链缠绕。

为自己安排丰富有益的业余生活，把思想感情从孤独的小圈子中游离开来，这种代偿的办法也是大有裨益的。

树立科学的社会观，建立正确的友谊观、恋爱观、婚姻观，是反孤独、抗孤独的主要法宝。在这些方面，要下决心学点马列主义哲学的基本原理和政治理论，纠正错误认识，健康乐观的情感体验就会随之油然而生。

在吃人的旧社会里，鲁迅先生在创办《新生》的计划失败后，感到十分孤独寂寞。他说："这寂寞一天一天地长大起来，如大毒蛇缠住了我的灵魂。"但是，他并没有因此而陷入孤独，相反，他却横眉冷对旧世界，以铮铮铁骨与犀利的笔锋同反动派进行了殊死的战斗。正是对未来执著的追求，使他战胜了孤独的重压，对生活始终保持着进取的态度。

今天，我们的生活多么美好。年轻人，你们看，红日升起，霞光万里，广阔无垠的大海中千帆竞发，你能安于坐在孤舟之中吗？打开你的心灵之窗，用你健康的身体和灵魂，为未来祖国的美好明天而努力奋斗吧！

自我暗示

有这样一件事：一个人偶然被关进了冷藏车内，虽然车中的冷冻机并没有开动，但这个人却吓死了。这是为什么呢？原来是心理的作用。当这个人预感到进入冷藏车中会出现的可悲后果时，这种心理作用驱使他惊慌失措，不能自控，以致果真出现了可悲的结局。如果在这种情况下，他告诫自己，"我一定能暖和起来，只要我让肌肉活动，产生热量，身上一定会暖和"，那就不会冻死了。

这件事提出了一个重要的心理现象和对付客观事变的心理方法——自我暗示。什么叫自我暗示呢？广义的自我暗示就是靠思想、语词，对自己施加影响以达到心理卫生、心理预防及心理治疗目的的方法。其作用是调理自己的心境、情绪、感情、爱好、意志过程及工作能力。

除了不自觉的心理暗示外，我们通常使用的自我暗示，是有针对性的或诱导性的。比如，面临紧张的考场，反复告诫自己"沉着、沉着"；遇到预想不到的荣誉，自敲警钟"谦虚、谨慎"；在十分烦恼、悲痛万分的时候，不断安慰自己"要看到光明，要提高我们的勇气"，等等，都是自我暗示的有效方法。自我暗示是通过心理的自我影响，使个性积极化，使情绪安定，理智恢复，这往往是自我教育必不可少的手段之一。

那么，应该怎样运用自我暗示的方法呢？

第一，平时要注意学习马列主义的哲学，掌握无产阶级的认识论与方法论，懂得一点辩证法。这是能够正确施行自我暗示的依据与指针。掌握了这一武器，才能有效地防止思想上的片面性及表面性。

第二，要培养刚毅、顽强的意志品质。意志是人的一种心理活动，它反映在有意识、有目的的行动上。意志顽强，自我暗示才能发挥作用。记得某校发生火灾，几十架钢琴放在教室里，怎么办？一些年轻人奋不顾身地冲进火海，"抢救国家财产"的意念支配着他们的行动；同时，他们又以自身顽强的意志，由四个人就抬出一架重量远超出他们体力负担能力的钢琴冲出火海。试想，如果没有顽强的意志，自我暗示又怎能发挥这样明显的作用呢？

第三，在实践中培养自我暗示的方法。只有通过不断地实践，才能在主观世界不断产生新的矛盾时，提出自我暗示的需要和课题，进行自我暗示的锻炼，这样才能逐步使自我暗示做到恰如其分的应用。

做好自我心理暗示，使健康的身体和健康的心理保持一个步调，使青少年的身体素质更上一层楼。

做一名心理健康的青少年

一个中学生在告别了儿童阶段步入青少年阶段后，体态和心理发生了很大变化，思考的问题多了，但很多是朦胧地、似是而非地解释一些问题的现象。可以说，这一阶段是他们的重要转折阶段。如果想做一个心理健康的中学生，不妨朝着以下6点努力或者用以下6点衡量自己。

（1）自知。对自己的相貌、体型、体质、生理特点、体能、健康状况和心理动机、兴趣、情绪、能力、气质、性格、品德及智慧等方面都有比较全面的了解，清楚地知道自己的优点和缺点，并能努力发展自己，即克服缺点或弱点，发挥长处，主动进行自我教育。

（2）自爱。对自己的生理特点、心理能力及自己与周围同学的关系有清醒的认识，个人的理想、信念、目标、行动能够跟上时代的发展，并与社会的要求相符合，既有自我欣赏，又不自惭形秽，不论自己长得美还是具有无法补救的生理缺陷，都能安然接受，不怨天尤人，不自寻烦恼。

（3）自强。有理想、有生活目标，自信自己的存在对社会对人民有价值、有意义，因此，为了实现自己的理想，能从自己的实际情况出发，制订切实可行的生活目标，努力把自己锻炼成为德、智、体、美全面发展的人才。

（4）自制。有道德和法制观念，遵守社会公德、行为规范及法令、遵守学校纪律，个人服从集体、服从社会，能约束自己的行为，主动改正缺点，使自己的行为规范化、社会化。

（5）自尊。尊重自己，也尊重别人，乐于与人交往，与周围人保持良好的人际关系，对老师、长辈有礼貌，对同学信任，能做到互敬、互爱、互助、互让，对儿童和残疾人同情、尊重、爱怜。

（6）自觉。愿意学习，努力掌握知识技能，自觉完成学习任务，不把学习看成是负担，不害怕困难，努力争取优良成绩。

# 好的生活方式决定好的身体素质

生物钟及合理休息

一、生物钟

凡事物按一定程序进行，就像数学上的公式一样，没有变化（或很少变化），这就叫模式。比如说，医生看病，总是先询问病人的病情，然后进行身体检查和实验室检查，根据所得材料，做出病情判断，进行治疗，或者让病人吃药打针，或者给患者动手术……这种固定的操作过程，叫做生物医学模式。它反映着治疗疾病的科学程序。

一个人的生活，也要求有一定的规律、一定的程序。譬如，就一天来说，起床、吃饭、学习、工作、休息、运动，都要求有规律地安排，按固定时间进行。这就叫生活模式。

从人体健康的角度来看，讲求生活模式可以说有百利而无一害。

你听说过"生物钟"吗？生物钟是控制生物体的生理活动的，它使各种生理活动按一定的规律进行。比如说，人的体温上午低，到傍晚达到最高，早晚有时可相差0.5℃或更多，天天如此；妇女的月经，总是大约1个月（一般是28天）来潮一次。这就是生物的节律（称为生物钟），本身也是一种模式。

生活模式是在生理活动和心理活动规律的基础上，人们有意识地使自

身的生活按照严格的活动规律进行，具体表现为一切活动严格地遵守作息时间。做这些的必要性究竟在哪里呢？

请先看看固定的生活模式和人体的生理活动的密切关系吧。

人体的一切生理活动，都是在神经中枢的指挥下进行的。神经活动的过程有兴奋和抑制两方面。例如，吃过饭以后，胃肠里的神经末梢受到食物的刺激，马上报告有关的中枢，由中枢发出命令，立即分泌消化液，开始收缩。这种现象叫神经反射（这种反射是天生就有的）。神经中枢还有另外一种反射方式。如果你每天中午12时进午餐，那么，每天到这个钟点，饭前的一些准备工作（如拿碗筷、走向饭厅的动作及环境），都将成为促使消化液分泌的条件。这种反射是在一定条件下，经过多次重复之后形成的，我们称它为条件反射。严格的生活模式，能使神经中枢形成一系列的条件反射。这样，前一个生理活动成为下一个生理活动的条件，一个接一个，一环套一环，这在生理学上叫"动力定型"。动力定型使身体各器官、组织和系统都高度规律化、自动化了，从而能使身体以最节约的方式取得最佳的生理效益。

如果一个人生活毫无规律，杂乱无章，那么，神经系统就不可能形成规律的"动力定型"，而只能依靠无条件反射，即什么时候吃进去食物，胃肠受到刺激以后，才开始分泌消化液。这种毫无规律的生活，使身体各种器官处于"时刻准备着"的紧张状态，这是造成器官疾病以至人体早衰的重要原因之一。

根据调查，凡是长寿的老人，他们都有一条共同的经验，那就是有严格的生活模式。他们说："我的生活就像一个钟表那么准时。"两千年前的中医古书《黄帝内经》载："起居有恒……度百岁乃去。"就是说，生活有规律，可以活到100岁以上。这些经验，对于缺乏生活节律的青年朋友来说，是尤其至关紧要的。

为什么没有闹钟的铃声，你却每天按时醒来？为什么雄鸡啼晨，蜘蛛总在半夜结网？为什么大雁成群结队深秋南飞，燕子迎春归来？为什么向日葵总是迎朝阳而展放？为何女子月经周期恰与月亮盈缺周期相似？生物体的生命过程复杂而又奇妙，生物节律时时都在奏着迷人的"节律交响曲"。

生物节律学说的基本观点，近年来，时间生物学认为，生物体乃至植物体的生命随昼夜交替、四时更迭的周期性运动，揭示出生理活动的周期性。祖国古代医学视天地为大宇宙，人体为小宇宙，谓大小宇宙息息相通。健康人体的活动大多呈现24小时昼夜的生理节律，这与地球有规律自转所形成的24小时周期是相适应的，表明生理节律受外环境周期性变化（光照的强弱和气温的高低）的影响而同步。诸如人体的体温、脉搏、血压、氧耗量、激素的分泌水平，均存在昼夜节律变化。生物近似时钟的结构，被称之为"生物钟"。周期节奏近似昼夜24±4小时称"日钟"，近似29.53±5天称为"月钟"，近似周年12±2月称为"年钟"。时间生物学研究揭示了植物、动物乃至人的生命活动具有一个"持久的"、"自己上发条"和"自己调节"的生物钟。

生物钟依靠像时钟那样周期往复地振荡工作，其工作节奏是不受周围环境影响的，故认为其周期振荡节奏是内生的或在不同器官内独立进行。生物钟的存在有极重要的生物学意义，它能使生物与周期性的环境变化相适应，特别是一些对生存和繁殖关系重大的，如迁徙、觅食、交配、生育等，以至作出提前安排。如糖皮质激素在清晨起床前就已升高，为白天活动做好预先的准备。然而生物的这种适应性也是有限度的，生理周期只能在一定范围内追随外界的周期性，当偏差太大，外环境变化造成刺激过强过弱，以致使生理振荡变为越轨的自由运转，从而干扰了时钟的正常运转，造成个体不同器官内部节奏位置的紊乱，破坏有序的合作，会引起某些疾病。近10年，生物学的研究越来越清楚地告诉我们，昼夜节律是在中枢神经系统调控下形成的。1972年研究人员证明，下丘脑前部视交叉上核担负着昼夜节律的中枢起搏点作用。临床观察到人类脑肿瘤破坏包括视交叉上核区时，可导致睡眠—觉醒周期瓦解。灵长类脑内至少有两个昼夜节律起搏点，其中一个就是视交叉上核，另一个目前尚未确定。

为何成绩一般的学生考上了名牌大学，而名列前茅的学生却名落孙山？为何一贯行为文明的青年人突然与人吵架？原来人体存在智力、情绪、体力周期分别为33天、28天和23天的生物钟，这3种"钟"存在明显的盛衰起伏，在各自的运转中都有高潮期、低潮期和临界期。这3种"钟"犹如一首协调、优美而神秘的三重奏，奏出了人类生命的运动规律。如人体三节律运行在高潮时，则表现出精力充沛，思维敏捷，情绪乐观，记忆力、理解力强，这样的时机是学习、工作、锻炼的大好时机。这时怀孕所生的孩子一定是聪明伶俐的优生儿。在此期，增加学习、运动量，往往事半功倍。学生节律高潮时考试易取得好成绩，作家易显"灵感"火花，运动员在此期易破纪录。我国著名跳高名将朱建华，一年三破世界跳高纪录，其时间是1983年6月11日，跳过2.37米，1983年9月22日跳过2.38米，1983年6月10日跳过2.39米。这3次创纪录都是在其生物节律运行高潮期完成的。尤其是第一、第三次破纪录，他的体力钟恰好处于峰值。

相反，三节律运行在临界或低潮期，会表现耐力下降，情绪低落，反应迟钝，健忘走神，这时易出车祸和医疗事故，也难在考试中出成绩。1980年12月，在香港第八届亚洲女子篮球赛上，我国女篮和韩国女篮实力比较接近，而我女篮竟输给对方33分。事后计算，中国队5名主力队员中只有一人生物节律处于高潮期，另4名主力队员中有的3条曲线在低潮期或临界期，有的2条曲线在低潮期或临界期。如果当时教练熟悉和掌握场上队员的生物节律，适当调整"阵容"——让技术稍差一点，但生物节律正处高潮的队员上场，就不可能惨败到如此程度。老年人发病常在情绪钟低潮期，而许多疾病死亡时间恰在智力、体力、情绪三节律的双重临界日和三重临界日。了解自己三节律的临界日和低潮期，可以在心理上早作准备，以顽强的意志和高度的责任感去克服困难，安然度过临界日和低潮期。

如何计算自己智力、情绪、体力钟的高潮、低潮和临界期呢？以下是一种简算法：

(1) 先算"总天数"即计算出生之日至所计算之日的总天数。公式：$t = (365.25 \times 周岁数) \pm x$。式中"t"表示总天数，"x"表示除周岁数以外的天数。例某人1935年10月15日出生，要计算1987年1月29日的这天生物节律，$t = (365.25 \times 52) - 259 = 18734$（天）。

(2) 再算"余数",将前算得的总天数分别除以 33、28、23(它们分别是智力、情绪、体力节律周期的天数),然后得到余数。注意必须用手算,而不要用电子计算机计算。

18734 ÷ 33 = 567……23(智力钟余数)

18734 ÷ 28 = 669……2(情绪钟余数)

18734 ÷ 23 = 814……12(体力钟余数)

(3) 当把余数求出之后,如你只需要了解计算日处什么期(高潮期、低潮期、临界期),最简便的方法是采用"周期天数除以 2 对照法",又叫半周期法:

33 ÷ 2 = 16.5……(智力钟半周期数)

28 ÷ 2 = 14.0……(情绪钟半周期数)

23 ÷ 2 = 11.5……(体力钟半周期数)

将"余数"与半周期数作比较,若余数小于此种生物钟的半周期数,此生物钟运行在高潮期;若大于半周期数,运行在低潮期;若接近半周期数或整周期,以及余数为零者,则为临界期。了解自己"智力、情绪、体力"三节律的运行周期,可在高潮期最大限度发挥自己的优势,在临界、低潮期早做准备,以防不测。

上例,智力钟余数:23 > 16.5 为低潮期;情绪钟余数:2 < 14.0 为高潮期;体力钟余数 12 > 11.5,数字接近半周期,为临界期。

人体生物钟三节律周期理论是指一个人在自身"水平线"上的波动。当人体三节律处于临界期或低潮期,人确实会感到智力下降、情绪欠安和体力易疲劳感,但人是有理智的,有责任感的。我们了解自己的临界期、低潮期,对它没有恐惧的必要,更不要以生物钟低潮期或临界期为借口。为了降低事故发生率,把处于节律双重、三重临界日驾驶员换下来干其他工作,或提醒他谨慎驾驶,以高度责任感来克服临界日的不适。当然高潮期的驾驶员麻痹大意,以为乱开车也不会出事故,这是绝对错误的。对于学生考试,智力钟处于临界或低潮期,确对水平发挥有一定影响,但考试日期却是不能由个人决定的,如考试期正值低潮期,其前些日子必是高潮期，正确的做法应当在高潮期抓紧时间学习，把功课温习好，临近考期做一轻松活动，如听听轻快的音乐，保证足够的睡眠，以良好的精神状态和顽强的拼搏精神去迎考。相反，一味盲目乐观庆幸考期处于生物节律高潮期，而不认真温习功课，也不可能考出好成绩。

生物钟老化机制至少包括以下几个方面：

（1）生物节律振幅减小。各种组织器官功能减退，例如，神经组织萎缩导致神经传导速度减慢，消化吸收功能减弱，肝脏解毒功能减退；心肌萎缩，心功能减退，如老年人醛固酮、睾酮、黄体生成素昼夜节律振幅明显减小或消失。生物钟处于高潮期，还可抵消这些功能减退，但处于低潮或临界期，则有病变及死亡的危险。

（2）生物节律稳态遭到严重损害。夜班工人体温、血压夜高于昼，睡眠昼夜颠倒，日积月累，使生物节律一定程度损害。

（3）同步因子（生活习惯、光照周期定时进餐）作用的减弱。长期生活习惯因改变而不适应，户外接受日光时间减少，干扰了情绪节律，机体衰老与同步因子削弱是有关的。

二、合理安排作息

有些青年人也许会说，难道休息还有什么学问么？

问题的实质常常并不像人们想象的那么简单。

首先，我们需要弄清楚"休息"的科学含义。因为休息不仅仅是指全身肌肉的放松，而且包含着人体司令部——神经系统的休息。

神经系统的休息，一般称为抑制过程。人体在觉醒时，肌肉保持着一定的紧张度，心跳、呼吸等器官和系统，都处在兴奋状态。人体各器官一味地兴奋，就会发生疲劳现象，这时，就需要有休息，也就是使兴奋受到适当的抑制，兴奋和抑制，必需有节律地交替，合理地协调，才能保持神经系统的正常功能。

根据一种学说，认为睡眠是神经系统高级司令部——大脑皮质全面的抑制，在抑制过程中，大脑皮质消除了疲劳，恢复了正常的机能。这样，人才能高效率地投入新的工作和学习。只有这样，身体的反应才会灵敏、准确。

当人体处于睡眠状态时，神经系统对周围环境的各种刺激失去反应的能力。肌肉的紧张状态消失，变得瘫软；听觉、视觉、嗅觉、触觉甚至痛觉也都暂时消失了。这时候，体内的呼吸、循环、消化等系统的生理机能，都处于最低的活动状态，也就是说，处于休息、恢复的生理过程。

睡眠，是生理活动所必需的、不可缺少的一个过程。曾经有人做过这样的实验，如果把动物置于喧闹刺激的环境中，一睡着就把它弄醒，不让它有正常的睡眠。这样，动物不仅会失去正常的生理活动能力，对疾病的抵抗力也会大大减低。不睡眠如果超过一定的限度，动物甚至会死亡。相反，有充足睡眠的动物，却精神饱满，反应灵敏，对周围的刺激反应正常。

人体也是如此，只有充足的睡眠，精神才能充满活力，才能提高工作效率，保持良好的记忆力，使学习的知识印象深刻，甚至"过目不忘"。

但是，睡眠过多也不好。因为大脑皮质的功能是否正常，并不是抑制得越多越久越好，而是在于兴奋和抑制这两个生理过程的协调，只有保持有节奏的、协调的兴奋与抑制过程，才算是健康的表现，工作和学习的效率才会得到提高。

因此，要休息得好，首先要讲究睡眠的学问。一是要有充足的睡眠，一般青年人一天要睡足 7~8 小时，要排除各种影响睡眠的因素。例如，睡眠前不要过度饱食油腻的食物或精神过度兴奋，要有正确的睡眠姿势，被褥的厚薄要适宜，室内的空气要清新，温度要适当，等等，以便使睡眠香甜，富于效率。

不过，睡眠并不是休息的唯一方式。不少人会有这样的经验；用右手提一桶水，提久了手就会发酸；这时，如果改用左手去提，就能再提一段路程而不觉酸痛。神经中枢的疲劳也可以用同样的方式来进行调节。比如说，在课堂上学习一个小时以后，进行十分钟的课间操，就会觉得精神焕发，学习效率也显著提高。这说明，并不是一定要睡觉才能消除疲劳。

从一定的意义上来说，会休息的人，也就是善于安排生活和工作的人。

例如当你学习或工作劳累之后，可以到户外练练操，跑跑步，或是听听音乐，换换工作方式。其中，尤以体力劳动与脑力劳动交替进行效果最好。

有不少青年人喜欢蒙头睡觉。这种习惯很不好。

人体每时每刻都需要呼吸。呼吸的作用是吸进氧气、呼出二氧化碳。氧气是细胞每时每刻都需要的。在睡觉时，虽然人体的肌肉并不活动，但是生命活动还在进行，体内大多数组织和器官，依然需要氧气的供应。因为脑、心脏、肝脏、肾脏等，还在进行着一定的新陈代谢活动。

一般来说，当吸入的空气中含有20%的氧气时，人体就会感到呼吸舒畅，头脑清楚，精神爽快。如果空气中含氧量低于上述水平，使细胞得不到充足的氧气，人就会感到心跳、头昏、头痛、胸闷、气短，容易产生疲劳感，降低思考能力，不易集中注意力。

发生这些症状的原因，主要是由于人体代谢活动受到阻滞，二氧化碳在体内积聚。在我们全身各器官组织中，要数脑和心脏对缺氧最为敏感。头痛、头晕、心跳正是这两个器官氧气供应不足的表现。

蒙头睡觉时，在被子里形成了一种所谓"小气候"环境。由于空气不流通，使得氧气越来越稀薄，而由人体呼出的二氧化碳气却愈聚愈多。这样一来，人所得到的氧气少了，体内的二氧化碳气浓度就会随之增加。睡觉的人在这时候常常会作噩梦，甚至发生梦魇，影响睡眠的效果。

蒙头睡果真会暖和一些吗？不见得，蒙头睡和不蒙头睡在形式上唯一的区别，就是脸部觉得暖和一些。人的头皮、后脑勺、顶部（即脖子的背面）这些部位对寒冷并不太敏感，因为这些部位接受温度变化的神经末梢并不多，也不太敏感。你刚开始蒙头睡时，可能感到暖和一些，但要知道，人体从肺部呼出的空气中是有蒸汽的，如果蒙头睡，被子里的"小气候"环境中的水汽愈积愈多，相对湿度就会愈来愈大，湿度大了，会从身体夺走更多的热量，反而不如不蒙头睡那么暖和，正像潮湿的冬天比同等温度的干燥冬天要冷得多，其道理是一样的。由此看来，喜欢蒙头睡觉的青年朋友，应该克服这个有害身体健康的坏习惯。

"开夜车"的弊端

"开夜车",就是在夜间学习、工作或者游玩到深夜或凌晨。

由于工作需要,或者过年过节,偶尔开开"夜车",这是无妨的,身体是有可能耐受这种偶尔的额外负担的。但是,如果经常地、长期地"开夜车",那就害处无穷了。

在我国古代,流传着"头悬梁"、"锥刺股"的故事,一个说的是汉代有个叫孙敬的人,经常"开夜车"读书,为了防止瞌睡影响读书,他把自己的头发(古时候男人留长发)用绳子捆起,绳子另一头高挂在房梁上,一旦瞌睡时,只要脑袋一歪,头发绷紧,马上就痛醒过来(见《太平御览》卷三六三);另一则故事是说,战国时有个叫苏秦的人,经常在深夜攻读,每当疲倦已极时,就拿起锥子来,往大腿上扎下去,让自己因剧痛清醒过来,好继续读书(《见国策·秦策一》)。古时候,人们把这种苦学的方式赞之为"夜以继日,勤学不辍"。

"悬梁刺股"的故事,也可能真有其事,但故事的寓意绝不是要人们去学习他们"头悬梁、锥刺股"的方法,也不是说学习只有彻夜攻读才能成功,而是要我们学习他们刻苦勤奋的精神。

我们可以肯定地说,不论是苏秦还是孙敬,他们的成名绝不仅仅依靠夜读,因为,"开夜车"读书,过度疲劳以致大脑皮质处于全面抑制状态时,根本就不能理解或记忆任何书本上的内容了。

常开夜车的人,生活必然没有规律。而且第一天开了"夜车",第二天就要睡懒觉,日高三竿,还迟迟不起床,用这种方法以补足应有的睡眠。如果不补足失去的睡眠的时间,那第二天就要头昏脑胀,注意力不易集中,以致疲倦乏力,这是必然的。假如你经常开"夜车",而第二天又不补足那失去的睡眠,那么,天长日久,由于睡眠不足,就会引起神经衰弱,整天头痛头晕,精神萎靡不振。

人总是在一定的时间节律中生活的。习惯于白天工作、夜间睡眠的人，其"生物钟"的节律总是习惯于白天进行活动的。比如，白天体温高一些，心跳呼吸快一些、深一些，维持身体进行新陈代谢的内分泌激素（如肾上腺素、胰岛素）等，也都是在白天活动得积极一些，分泌得多一些，到了夜间，它们的活动就处于低潮。如果你总是"开夜车"，那么，人体这种时间性的节律就会被打乱，生理活动就会陷入混乱状态，抵抗力就会降低。

总"开夜车"还容易使生活变得散漫，经常迟迟不起床，与人们习惯的白天活动规律不相协调。他们还因此失去了在清晨空气清新的环境中锻炼身体、吸入较多的新鲜空气的机会。所有这些，对于青年人的健康成长都是十分不利的。

当然，也有极少数人具有深夜工作的能力和习惯。这种类型的人可以工作或学习到深夜而具有较高的效率，但这种人毕竟是极少数。

我们不主张长期或经常"开夜车"。当然，为了工作的需要倒夜班或赶临时紧急任务，偶尔或短时间内工作到深夜，由于人体的适应能力和神经系统的可塑性，也无伤大体。但如长期这样"开夜车"，则是不应该提倡的。至于长期上夜班的人，因为生活规律的长期变化，只要仍然是规律的，白天又能得到充分的休息，生物钟规律也会随之发生相应的变化，就不会影响身体的健康，也就不必多虑了。

不要蒙头睡觉

如果你从小养成了一个习惯——蒙头睡觉，你觉得这样的环境你才睡得香，睡得安静。如果你家住在闹市区，每夜噪声不断，为了让自己的睡眠不受噪音干扰，你想了个好办法：蒙头睡觉。这样做过之后，你觉得自己彻底地和外面聒噪的声音隔绝了。当一切都安静下来以后，的确睡得很安稳，你也乐于在这种环境下睡觉，你觉得这样可以改善自己的睡眠状态。的确这样的睡觉习惯带给你益处，但你知道它会潜移默化带给你什么危害吗?

首先,蒙着被子睡觉会严重地影响呼吸。因为蒙头后使头部空间变小,空气难以流通,呼吸使氧气的量逐渐减少;与此同时,因呼出的二氧化碳难以散出而使头部周围的二氧化碳越来越浓。如此,呼吸的气体便不能使肺与血管充分地进行气体交换,致使身体各部分器官失去良好的调节,新陈代谢速度降低。所以有这种习惯的人早晨醒来常常眼皮浮肿,精神萎靡,没精打采,甚至呵欠连连,浑身发酸。这种症状主要是大脑代谢受到影响的表现。虽然人已起床,但大脑却仍处于半睡眠状态,脑神经的活动不能马上恢复正常。这种状态如何能读好书或做好工作呢?有的甚至能影响一整天的工作和学习。

其次,蒙头睡觉会使被窝里的空气不流通,外面新鲜空气进不去,那么人呼出的二氧化碳就会越来越多,吸进的氧气就会越来越少。由于二氧化碳强烈刺激呼吸神经中枢,就会使人出现憋气,全身出汗、多梦,甚至从梦中突然惊醒。时间长了,会因缺少氧气使心脏严重受损,引起心脏病。大脑缺氧还会引起气闷、头痛、眩晕、精神不振、眼皮肿胀、记忆力减退等疾病,严重的还会发生昏迷。而且,被子里有很多致病菌,进入人体内易引起支气管炎、肺结核等病症。

人睡着后仍需要吸进氧气,人体只有吸进足够的氧气才能保持身体各个器官的正常活动,才能获得充沛的精力。因此睡觉时最好把头部露在被子外面。外面空气中富含的氧气要比被窝里残存的那些污浊的空气要强得多。另外,充足的氧气还是你获得优质睡眠的最佳保证。因此睡觉时不蒙头自然能提高你的睡眠质量,有了充足的氧气,你才不会出现多梦多汗的难受劲。

还有,人体是一个有机的整体,如果单方面受制约肯定会影响到其他器官的正常运转。因此,如果蒙住头部,受害的就不会仅仅是头部,还会包括心脏及其他呼吸系统器官,把头露在外面则可以解决这个问题,还等什么呢?把被子往下拉一拉,露出头来吧,外面的空气总比里面好得多。

其实,这种做法长期下去,对人体的影响远不止这些。它对人体的生理和心理都会产生较长久的影响，缓慢地侵蚀着机体的健康，降低学习和工作的效率，使疲劳难以恢复。

由此可见，蒙头睡觉绝非好习惯。有此习惯的人为了自己的身体健康，为了能更好地学习和工作，一定要下决心改掉。其实改掉这种习惯也不难，如果是因为恐惧，首先应该消除心理负担，树立唯物主义信念，破除迷信，多参加社会活动和体育锻炼，养成开朗的性格；如果只是为了保暖，或是怕改变习惯后睡不着觉，那也不难办，可在睡前用热水泡脚，或再饮一杯热牛奶，这都有助于入睡。

健康饮食天天吃

一、早餐与血糖浓度

一个人要想保持健康，约需要40种以上的营养。未经精细加工的食物，像牛奶一种，就可能供给你40种营养；然而经过精细加工的食物像白糖，只能供给一种营养。可是单独缺乏某一种营养，所引起的营养不良症，在人身上是不可能发生的。

人类食物中如果营养不够，所引起的营养不良症多而复杂；如果以动物做试验，给它吃的食物中单缺乏某一种营养，所引起的结果，则比人的情况简单很多。以下所讨论的单一营养缺乏症，虽不能说没有，但也并不太可能。因为缺乏单一种营养，连带会影响到其他营养也缺乏，于是引起了复杂的症状。例如缺酪几小时，你身体组织所发生的恶劣变化，会使你一天都不舒服。

一天活动情况的好与坏，完全决定于早餐的好与坏。假如早餐吃得很少，或者吃了很多错误的食物，你这一天都不会有活力。早餐决定了你身体所产生的能量，换句话说，就是它提供给你血液里多少糖，糖与脂肪经过氧化后，才会在身体内产生能量（精力）。精力决定你的思维、行为和感受。血液里充满了糖，才能使每个细胞获得它个别需要的营养，因此使你全身活力充沛。

一个正常的人，12小时不吃，他100毫升（半杯）血液中，所含的糖（糖）是80～120毫克，这个数量已达正常的极限。能不能保持身体活动正常，还要看早先吃的食物质量如何。血糖的含量在90～95毫克时，身体的能量仍可照常发挥，如再继续工作，精力就供应不上，同时倦怠慢就产生了。

当血糖降到70毫克时，就会感到饥饿，倦怠就转成了疲乏；假如血糖降到65毫克，这时就会特别想吃甜的东西，也会感到肠胃的抗议；假如血糖继续下降，就会由疲乏变成衰竭，头晕、虚弱及站立不稳的情形相继发生，这时心脏跳动不正常。自己会感觉得到，腿也不听使唤了，呕吐也常常发生。

脑细胞和神经细胞，必须靠糖的营养，才能发生功能。脂肪与蛋白质对它们是没有滋养作用的。只要糖稍有一点点供应短缺，思维就会迟缓错乱，神经也会变得紧张。当血糖降到正常限度以下时，人就会变得烦躁、易怒、不合作、情绪恶劣。因为脑子的能量只能由糖供给，假如供应极少，很可能导致昏迷。

一个人所吃的食物含有充足的糖，使血糖保持在正常浓度，当然就易产生精力，你会感到干劲十足，思维敏捷清晰，也没有想吃东西的念头，看到甜食还会讨厌。这时你的态度良好、心情愉快、善与人合作，充满了活力。

影响血糖高低的因素很多，以两百位志愿者当实验对象做研究。给他们吃各种不同的早餐，早餐前一小时量血糖，早餐后每隔一小时量一次，量到三小时后为止。一位只喝一杯纯咖啡当早餐的人，血糖降得很快，又易感到烦躁、紧张、疲倦、头晕，一上午都不好受。如果吃两个油炸圈，喝一杯加了牛奶与糖的咖啡，血糖就会急速上升，但在一小时后就降下来，又变得工作无效率而疲乏。

二、美式早餐的营养

多数美国人所吃的早餐，是一杯橙汁、两片咸肉、加上面包、果酱，再喝一杯加牛奶与糖的咖啡。这种早餐吃下去血糖快速升高，但在一小时后会降到比早餐前还低，低血糖情况一直保持到午餐为止。另一种早餐，除多吃一碗麦片粥以外，其余的与上述早餐一样，血糖降的情形也是一样。

另一种早餐是除上述的食物外，再加上一碗用糖和牛奶同煮的麦片粥，血糖会急剧上升，但是仍很快地又降了下来。好的早餐，是喝一杯全脂奶，再加上两匙半脱脂奶粉，并与橙汁、咸肉、面包、果酱、咖啡一起吃，吃下去后血糖会升到120毫克，而且会保持一上午不下降。用两个蛋代替加料牛奶也可以，这样的早餐才算是真正的保健早餐。

科学家对那些志愿做实验、吃不同早餐的人，在午餐后做血糖浓度检查，发现凡是早餐吃得不好的人，吃过午饭后血糖增高了，但是降低的速度仍很快；可是那些早餐吃得好的人，吃了同样的午餐后，下午血糖低得仍很慢。因此你如果想一天都活力旺盛，早餐一定要吃好的食物。

哈佛大学的塞恩博士也会做过类似的研究，发现一个人吃了含高量碳水化合物（糖和淀粉）、脂肪、蛋白质的早餐，两小时后，血糖快速升高，但也降低得很快，以致造成疲倦无力。要想早餐有持续力，要吃麦片粥里加高奶脂肪的奶品，吃下这样的早点后，血糖会慢慢地增高，而且可持续一上午不会下降。

这种高蛋白的营养早餐，包括了牛奶、牛肉、乳酪。血糖会慢慢升起到120毫克，并能持续6小时不降。关于食物所产生的精力，很多大学都做过类似的试验，他们的结论大致相同：要一个人的精力持续时间长，大部分要靠蛋白质来维持，要进一步使生活过得更有生命力，就要加上脂肪与碳水化合物等食物。糖类是精力的来源，因脂肪与蛋白质不易快速消化，才使糖类慢慢吸收于血液中，因此精力的持续力增强，能维持五六小时。

三、糖与胰岛素的关系

在美式食品中，糖与淀粉是很便宜与丰富的，但蛋白质却很贵并且稀少。标准的美式早点包括有水果或果汁,以供给天然糖类,麦片粥、煎饼、饼干、吐司等食物,也可在消化后转化为糖类,另外咖啡和麦片粥里也加有精制的糖。这些糖类可在几分钟内被血液吸收,使血糖浓度升高,快速增加到155毫克。

血糖的大量快速吸收,因此也迫使胰脏加速制造胰岛素,以使肝脏和肌肉保住这些糖类,贮存起来,或者转化为脂肪,以防止这些糖类在尿中流失。假如继续吃高碳水化合物的食品,糖类就不断地被血液吸收,也迫使胰脏随之增加胰岛素的分泌,胰脏加速工作,因之会造成胰脏过度疲劳。

例如三餐都是吃高碳水化合物的食物,就会使胰脏工作加重,胰岛素制造得过多时,常使多吃糖与淀粉食物的人得胰岛素休克。因为美式餐点包含的碳水化合物(糖与淀粉)非常丰富,所以胰岛素休克常会发生。相同的情况,也可能发生在血糖特别低时,也就是说腹中饥饿,或运动过量时。

细胞仅能贮存少量的糖类或肝糖。任何贮存的糖都要转化成为脂肪。当食物消化完成后,正常的糖类来源仅有肝糖了。当一个人激烈运动时,肝糖就很快消耗殆尽。这时大多数细胞只有"燃烧"脂肪,作为精力的来源,但是没有糖类,脂肪就不能燃烧完全,于是留有残渣——丙酮,另有两种酸类,而这种丙酮与酸类是对人体有害的,并且造成了精力枯竭。

人类的脑子和神经,需要糖来保持生命活力;没有糖的营养,副肾也不能产生可体松荷尔蒙,因此细胞受到破坏,神经系统也失去了正常的功能。假如这种情况时常发生,健康就会受到危害。

另一方面来说,假如早餐内包含了少量的糖和脂肪,而蛋白质的量较为丰富,消化的速度就比较慢,糖类也慢慢地被血液吸收。因此胰脏产生胰岛素的速度减缓,肝糖储存的比较多,身体内也不会储存脂肪而肥胖,因此精力也使身体产生活力,使你在热天身体散热良好。在冬天保暖的能力也会增强。

四、早餐与蛋白质

蛋白质的单位是以"克"来计算。例如一个蛋可供应6克的蛋白质,一包脱全脂奶是 32 克。据研究分析，一餐饭菜如仅得到 22 克的蛋白质，只能供 3 小时的身体消耗。一餐饭菜能供给蛋白质 55 克，才能算是高蛋白的膳食，所产生的精力才能供 6 小时的消耗。我们摄取的蛋白质越多，产生的精力越大也持续得越久。据研究，在天气热时，血糖的浓度会降低，蛋白质的需要量更要增加。

另一种保持血糖浓度的方法，就是在正餐之间吃点心，我们所吃的点心，应该是富营养的，那些没有营养的食物尽可能不要吃。正餐之间的点心应包括蛋白质、脂肪和碳水化合物，最好是一杯全脂奶，和大约可供给 1 卡路里的新鲜水果。

所谓标准的美式膳食，严格地说多是不够营养的，例如早餐不是糖类吃得太少，不能保持血糖浓度，就是吃的糖太多了，使胰脏加重负担。午餐，多数人吃得都很简单；点心，也多是咖啡、可乐等软性饮料，或者是甜食。类似这类食物，在晚餐前是不能够产生足够精力的，晚餐会吃富蛋白质的食物，但是还不足以补充这一天消耗的精力。以至于晚饭要喝些酒或咖啡来提神，有时晚餐吃得太多，也引起了精神萎靡。

有关高蛋白的早餐，说起来是没有什么稀奇的。有小时候住在印第安农场的人。他们常吃热麦片粥、牛排、咸肉或蛋，或者是香肠、炸鸡等。每天早晨都喝一大杯牛奶。英式的早餐还增加了鱼类。有一个由斯堪的那维亚半岛回来的人说，一份瑞典式的早餐，包括了 30 种鱼类，另外还有乳酪及各种肉类。总之，早餐量虽不要大，但要质好，一顿质好的早餐，才能使你一上午工作效率高。

五、血糖低的害处

有的人说早晨根本不饿，这也就是说他昨天的晚餐吃太多了，才有这种情形发生。可是为什么晚餐要吃那么多，以至于影响到翌日的早晨呢？有些太太认为丈夫在外边忙了一天，没有充裕的时间吃一顿丰富的午餐，所以晚餐才准备得丰富一些，但是这样做是不恰当的。

一个人要想精力充沛，多餐少吃是最好的方法，晚餐以简单而富营养为原则，吃太饱，而且多吃碳水化合物是不好的。晚餐最好是一道美味的蔬菜汤、肉类、奶类和水果，甜食及淀粉多的饭与面食要少吃，吃这样的晚餐，隔天绝不会不想吃早餐的。

以美国人为例，身体不好的问题，多是起因于饮食的习惯不正确。例如美国人有1/3身体肥胖，不吃早餐是主要原因。90%以上有蛀牙，是因为吃甜食过多。假如血糖浓度高，是不会想吃甜食的。如果血糖浓度低，就会发生疲倦、衰竭、神经紧张、烦躁，甚至思想混乱。

要想补救上列不正常的情形，并使身体保持活力充沛，只要一天就可以办到，那就是改变饮食的习惯。血糖低时，会造成很多不理想的情况，例如学生学习速度迟缓，因此造成教育经费的浪费；成年人对公事、私事思考不清晰，汽车驾驶人易出车祸。多喝咖啡与酒，多吸香烟等，也都会使血糖易于降低。最不能忽略的，就是血糖低时，也容易发生离婚的事件。

当血糖过于低时，也容易感染病毒，罹患疾病。夏季炎热的天气，会使人胃口大减，对富蛋白质的食物吃不下，人们常爱喝甜而冰的饮料，如运动激烈就更会使体力无法负担，例如游泳就会消耗大量的精力，如不适时补充营养，体内的血糖就会急剧降低，因此也容易发生抽筋的现象。

血糖低时最严重的结果就是昏倒，例如一位女士问她为什么在上街购物时常会昏倒，原来她吃的食物多是碳水化合物，早餐经常不吃，上街后感到饿时，就在街上买些甜食作点心。像这种饮食的习惯，当然容易昏倒。

六、三餐饮食的原则

另一个因血糖低而昏倒的例子，是一位偏食的高中女生。因为她时常昏倒，而无法上大学。另外还有一位汽艇驾驶员，因有昏倒的毛病，老板不得已将他解雇了。一个时常昏倒的人，在昏倒前，一定觉得心脏跳动很不正常，这时他就该特别小心了。有好几位开车的朋友告诉我，在他们将昏倒前，常会赶快把车停下，类似这种人，为了自己的生命安全，在血糖低时最好不要驾车；血糖低时驾车的危险，与醉酒时驾车是同样的。人们虚弱，腿不听指挥，昏倒时，多有心脏跳动异常的症候发生，因此使很多人认为，他们是因心脏病而昏倒的。近来有四个病例，他们均被认为是心脏病发作而昏倒的。第一个人是打了一天猎，忘记吃午饭了。第二位是一位汽车修理厂负责人，经常不吃早饭就去上班，午饭因太忙常常省略。第三位是正在山上露营，在早饭前必须上山找露营地点。第四位正在节食。

这四位病人昏倒后，医生均查不出他们心脏有什么毛病。他们的家人均说是因心脏病而昏倒的。一个人有了这种情况，当然应该立刻看医生，假如医生检查不出心脏有毛病，则必须要检查血糖的浓度。

只要副肾腺是健康的，血糖低的情况很容易迅速改正，只要不喝咖啡，而少吃多餐高蛋白的食物就可以，但这类食物却不能是精制的。假如缺乏维生素B群里的泛酸，或者副肾腺的功能长时间不好，不能产生荷尔蒙将体内的肝糖转化成酯类与脂肪，血糖的浓度要升高就不太容易了，一直要等副肾功能正常后，才能使血糖易于升高。进一步说，如果细胞内含钾太少，阻止了肝糖的形成，也会造成长时期的低血糖。

一个人血糖低时太危险了。他会烦躁，紧张，头脑不灵，容易犯罪。随之产生怨恨、暴乱等心理趋势。这时他也特别想吃甜食，如果不能及时补充营养，则会发生遗憾终生的事情，像杀人、抢劫、自杀等事件。我们要想工作效率高，头脑清醒，必须要随时注意餐饮，饮食的一般原则如下：早餐吃得像国王、午餐吃得像贫民、晚餐吃得像乞丐。

不偏食的好习惯

青少年正处于生长发育旺盛的时期，需要许多的营养物质来组成身体内的各种结构，而且每天体内的一些物质还会通过新陈代谢被分解，因而需要每天从食物中补充各种各样的营养成分来满足机体的需要。

打个比方，如要建筑一座大楼，需要砖块、碎石、水泥、黄沙、钢筋等许多种建筑材料，如果只有砖块那是盖不成大楼的。那么对人体来说需要些什么样的"建筑材料"呢？需要蛋白质、糖类、脂肪、维生素、无机盐、微量元素等等，当然，还需要水分。可是这些"建材"都分布于各种不同的食物当中，没有哪一种食物能够包含完全。比如蛋白质，大量地存在于瘦肉、鱼、蛋等食品中，而淀粉（糖类的主要来源）则较多地存在于谷类植物——如平时吃的米、面制品中，而维生素呢，则不同的食物中含有不同种类、不同数量的维生素，粗粮中往往含大量的 B 族维生素，新鲜水果蔬菜里则含较多的维生素 C，在动物内脏如肝等中则含较多维生素 A、维生素 D，在黄玉米、胡萝卜中则含许多的类胡萝卜素，而类胡萝卜素则可以转化成维生素 A。另外，蔬菜中大量存在的纤维素，虽然不能被消化吸收，却能够有助于排便及清洁肠道。

青少年朋友们，现在你们明白了吧？如果你只吃肉，只吃精制食品，那么，你给发育的身体准备的材料就会"品种不齐"或"数量不足"，就像只堆满砖头的工地，别想盖起雄伟的大楼——一个健壮的躯体。

1. 中式早餐宜略加改进

早餐我们习惯吃得清淡。稀饭、酱菜，从营养学观点来看，这种食物无法提供足够的精力，至少要加个鸡蛋或肉松。

那么吃中国典型的早餐：烧饼、油条、豆浆，好吗？浙江金华人民医院副主任医师张仙平说："炸油条用的多是回锅油，易产生致癌物质，但少吃并无妨，但最好加个鸡蛋。豆浆很有价值，可多饮用。"

2. 晚餐宜少，但要平衡

道理很简单，晚间消耗少，吃得太多无法消耗掉，积存在体内易变成脂肪。

"晚餐宜少"的原则是：饮料宜少，甜点宜少，"鱼虾胜过鸡鸭，鸡鸭胜过牛肉，牛肉胜过猪肉。"简单的"混合型食物"符合饮食平衡原则。如：水饺、菜肉包子，或炖个汤，如排骨海带、冬瓜（或萝卜）；牛肉烧胡萝卜、马铃薯；加一两个下饭菜也很好，儿童保健专家俞静芬主任说："最理想、最受欢迎的还是我国传统的三菜一汤。"

3. "匮养"食品和饮食习惯

各种高脂糕饼点心及高糖食品几乎不含盐类、维生素、纤维素和蛋白质。因而营养界把它们叫作"匮养"食品。儿童多吃这类东西感觉饱腻，营养较好的食物反而难以下咽了，而实际处于半饥饿状态。家长一直认为孩子爱吃甜食，其实不是这样。美国戴维斯医生在进行小儿自我选择饮食试验中发现，小儿选甜食的数量是完全适中的。

　　酷爱甜食，在很大程度上是由父母在无意之中养成的。如为了让孩子把蔬菜吃完，就说"不吃菠菜就别想喝汽水"等。

4. 安排合理的餐间饮食

　　孩子们在正餐之间要吃些零食。如果食物对头、时间合适、方法得当，是不会影响正餐或造成进食问题的。

　　水果、果汁和菜汤易消化，引起龋齿的可能性最小。牛奶在胃里存留时间较长，影响下顿正餐的可能性较大。不过，年幼儿童一顿饭吃不下几口，下顿饭时间未到就已经饿得头昏眼花，这时给他们喝点牛奶往往可收到奇效。牛奶消化慢，正好使他们保持旺盛的精力，下顿饭精神一好，胃口也就大开。

　　糕点有三个缺点：热量太高、缺乏营养、损伤牙齿。因而不是餐间理想食品。手工面点较好。

　　餐间饮食时间不应迟于下次进餐前一个半小时。

　　有些父母抱怨孩子不好好吃饭，老想吃零食，这个问题并不是因为父母对孩子吃零食宽容造成的。俞静芬主任说："根据我的观察，这些父母个个都喜欢催逼孩子吃饭，而且不愿给孩子零食。正是这种催逼，破坏了孩子的饮食。孩子一坐上餐桌，胃口就先倒了。一旦捱过正餐时间，胃里的感觉恢复正常。一个健康的空肚子必然要做出反应——讨东西吃。解决这个问题不能仅靠控制零食，而应设法把正餐变成一种美好的享受，能逗得孩子也像看见零食那样口水直流。什么叫正餐？正餐就是专门用来诱人开胃的食物。"

5. 怎样才算合理饮食

　　我们不能光凭一种食物的热量、维生素或蛋白质含量来衡量它的优劣。我们在热量较高和热量较低的食物之间以及在饮食的其他各方面力求达到平衡。如果过分注意某个方面而忽略了其他方面，就极易出问题。

对孩子的合理饮食，父母的任务仅在于大致了解哪些食物搭配在一起可以组成合理饮食，以及孩子对某些食物感到厌腻时用什么东西来代替它。究竟各类食物吃多少才适宜？南京军区总医院儿科硕士夏坤提出的"1，2，3，4，5原则"可参考：①一个水果；②两碟蔬菜；③三匙植物油；④四碗饭或等量换面食；⑤五种蛋白质（每天至少吃一两肉、一两鱼、一块豆腐、一个蛋、一杯奶）。

节假日的暴饮暴食

有些青年人在节日里（或在平时），喜欢暴饮暴食，结果引起疾病，这是一种应该克服的不良习惯。

每逢节日，急诊室里的病人就多了起来，其中主要是胃肠方面的疾病，像急性胃肠炎、食物中毒等，而病人又以青年人为多。报上曾刊登过一条引人注目的消息：除夕前，一个人一次喝了一斤汾酒，当晚就因酒精中毒而身亡。这就是"节日病"。

节日饮食比较丰富，这是十分自然的。在辛勤劳动之余，亲友欢聚一堂，共享天伦之乐，品尝佳肴美酒，这对于我们身心的健康，都会有所裨益。但是，万万不可开怀畅饮，毫无节制，以致造成痛苦的结局。

常言道：高粱厚味，容易致病。这是因为，"厚味"的饮食，一般都含有十分丰富的蛋白质、脂肪；而且通常又大都以动物性的蛋白和脂肪为主。动物脂肪以饱和的脂肪酸为主，很难消化。当你吃进一顿油腻丰盛的美餐后，一般要五六个小时，胃才能完成消化的任务，才会有饥饿的感觉。

人们为什么容易患"节日病"呢？首先，大量脂肪和蛋白质会抑制消化液的顺利分泌，妨碍胃的消化功能；如果胃里食物摄入量过多，还会抑制胃肠的运动。因此，节日里的胃肠负担是十分沉重的，常常容易引起病变。

其次，胃肠和身体其他器官一样，虽然具有一定的代偿潜力，能在一定程度内，比平时多担负一些工作任务。但是，超过了这个限度，它就要"罢工"了。这时候，胃部就会出现疼痛，以致上吐下泻……这就是急性胃肠炎。患了这种病，一般要过好几天才能康复。

在这里，提醒青年朋友们在愉快的节日里万万不可为食伤身，饮食一定要有所节制。

零食利弊

零食，指的是在每天三顿正餐之外所吃的食物，以及进食这类食品的习惯。看过电影《骆驼祥子》的人都会记得，虎妞一天到晚嘴里嚼个不停，不是嗑瓜子，就是吃枣子、栗子、花生……

吃零食到底好不好呢？

这个问题不能一概而论，不能绝对化。对于青年人来说，吃零食应该说是有利有弊。

青年人正处在长身体的时期，不仅需要较多的摄食量，以补充活动量大的消耗；还需要摄进更多方面的营养素，以满足成长期人体"基本建设"的要求。所以，青年人在一日三餐之外，适当吃一些零食，对于身体是有一定好处的。

一般来说，零食大多不外乎水果、干果、糖食、糕点之类。从营养学的观点来看，水果中含有较多的维生素C，还含有一些矿物质。例如，每一百克去核的红果（山楂类）就含有维生素C二十二毫克，枣子每100克中（去核）含1.6毫克的铁，而鱼类、虾类中几乎不含维生素C，同等量的蔬菜中的维生素C，只及红果的1/10～1/3。一般菜蔬所含的铁质也较少。常吃的另一类零食，如核桃仁、花生仁等，则含有较多的无机盐和脂肪，其中所含的油，是属于不饱和脂肪酸，它不同于动物油脂属于饱和脂肪酸，后者在体内容易引起高胆固醇症，导致动脉硬化及高血压症。无机盐对于人体的各种组织和细胞的构成，具有关键性的作用。比如铁质是造血的必要原料，碘则是促进新陈代谢、促发甲状腺素所必需的物质，花生仁还含有磷脂，是构成脑神经细胞的重要原料……总之，适当吃些零食，有益于补充体内的这些需要。

但是，吃零食的习惯如果掌握得不好，不符合生理卫生的要求，就会害多利少了。

食物需要胃肠来消化。胃肠的工作量和活动规律要求我们定时、定量进食，使胃肠按一定的规律工作和休息。如果吃零食过频、过多，胃肠就会失去足够的休息时间，疲于奔命。虽然年轻人的生理机能、代偿机能是强健而旺盛的，体内器官有一定的潜力，并不见得马上就出毛病。但天长日久，胃肠长期处于劳逸失调的状态，就会在中、老年时期"显形"，出现消化不良、慢性胃炎或其他严重的胃肠病。

另外，如果吃零食不得法，还会影响胃肠的消化功能，表现为食欲不佳，反造成营养欠缺。正常情况下，当胃肠中摄进食物时，就开始分泌消化液，而消化液的分泌是决定一个人食欲好坏的主要因素之一。所以，如果在饭前半小时左右吃了零食，正餐往往就吃不下去了。

还有，常吃零食将增加传染疾病的机会。尤其是在外出时，在大街上、汽车上、电影院、公园里等公共场所吃零食，最容易摄入病原菌。现在肝炎（甲型、非甲非乙型等）流行较普遍，与青年人好吃零食的习惯有所发展有一定的关系。

由此看来，青年人吃些零食是可以的，但要注意卫生保健的要求。譬如，吃零食最好也有一定时间，水果可在饭后吃，食用饼干糕点，可在两顿饭之间，这样就不致影响正餐的摄食。同时，应注意手的卫生，防止病从口入。

洋快餐的弊端

洋快餐食物中蔬菜含量过少，一块汉堡包中顶多夹一点少得可怜的生菜和酸黄瓜，纤维含量很低，非常不利于消化吸收。冰激凌和碳酸软饮料的含糖量很大，面粉经过精加工营养成分也损失了很多。洋快餐高热量、高糖分、高胆固醇、低营养，青少年长期吃洋快餐会形成6危害。

（1）引起肥胖

由于现在的孩子缺乏运动，青少年经常吃洋快餐食品，进入体内的高蛋白、高热量、高脂肪无法代谢，就会在体内形成堆积，促使青少年的身体发胖。在学校，有许多因摄入脂肪和糖分过多，造成热量过剩而变成小胖墩的学生。

洋快餐

（2）成年病

身体肥胖导致体内血脂和血糖代谢异常，使血脂、血糖及血压升高，使青少年易患高血压、糖尿病等成年人才患有的代谢综合征。有的病症虽然在青少年时期未发病，但却埋下成年后得高血压、动脉粥样硬化、心脑血管病、糖尿病等病的隐患。

（3）诱发癌症

世界卫生组织和联合国粮农组织近日联合发出警告，称含有致癌毒素——丙烯酰胺化合物的食品会严重危害人的健康，特别是"洋快餐"的油炸薯条、薄脆饼、烤猪肉与水果甜点上的棕色脆皮以及大量油煎油炸快餐等多种食物中均含有大量丙烯酰胺化合物。

（4）造成营养不良

青少年特别爱吃甜食，喝饮料，很容易引起饱腹感，到吃饭时就没有食欲了。饭前喝饮料，会稀释胃液，影响对食物的消化吸收。果汁饮料中的色素，很容易沉着在孩子嫩弱的消化道黏膜上，干扰体内多种酶的功能，引起厌食，消化不良。由于甜食中几乎没有蛋白质、维生素、矿物质等营养素，长期吃甜食喝饮料会造成青少年的营养不良，影响生长发育，引发缺铁性贫血等疾病。

洋快餐属于酸性食物，长期吃洋快餐可使青少年体液酸性化，体内为了维持酸碱平衡，就会动用钙、磷、镁等矿物质参加中和，体内钙质减少，就会影响青少年的骨骼发育，易患佝偻病。

(5) 降低免疫力

长期吃洋快餐可使体液变为酸性，体内酸碱失衡而危及免疫系统。许多青少年之所以反复患上呼吸道感染，与爱吃甜食和喝含糖饮料过多密切相关。冰镇饮料对青少年更为不利，咽喉猛然受到过冷的刺激，局部血管收缩，抵抗力下降，极易患上呼吸道感染。许多洋快餐含盐过高，由于盐的渗透作用，可杀死上呼吸道的正常菌群，造成菌群失调；高盐饮食还能抑制黏膜上皮细胞的繁殖，使其丧失抗病能力，导致感染性疾病。

(6) 影响智力

爆米花、罐装食品或饮料含铅量高，血铅浓度达到5～15微克/100毫升时，就会引起青少年发育迟缓和智力减退。因为铅会直接破坏神经细胞内遗传物质脱氧核糖核酸的功能，使脑内去甲肾上腺素、多巴胺和5-羟色胺的含量明显降低，造成神经递质传导阻滞，引起记忆力减退、痴呆、智力发育障碍。

许多洋快餐含食盐、糖精、味精较多，不仅使人易患高血压、动脉硬化等病，影响对脑组织的血液供应，脑细胞长期处于缺氧缺血状态，导致反应迟钝、记忆力下降。

洗手洗脚好习惯

手，这人类劳动的产物，每天都要接触很多东西，举凡衣、食、住、行，哪一件事不需要用手呢？

你每天都要买东西，要使用钞票、硬币，而这些交易的媒介物谁人不拿，谁人不摸？没有症状的肝炎带菌者、开放性肺结核患者……人人都离不开它。于是，钞票、硬币就成了传播万恶的病菌的媒介。

如果你坐公共汽车，在车上，你必须抓住扶手，以免跌倒。又有哪位乘客不扶扶手呢？那么，这扶手就成了另一个传播病菌的媒介物。

人人每天都要上厕所。那些患痢疾、伤寒一类肠道疾病病人的手上，就沾有痢疾杆菌、伤寒杆菌，这些病菌就从患者的手上沾到厕所的门把、马桶盖和水箱把手上，如果你也去摸这些部位，你的手就会沾上病菌。这就是病菌的另一处传染源。

人们还要用手干活、挠痒痒。于是，在手指甲下面，就积下了厚厚的一层黑色的油垢污泥，而病菌十分高兴在这里繁殖。

有人做过试验，用随机抽样的方式从一些人的手掌面、手指甲下面的污垢里培养细菌。结果发现，除了一般的普通的不致病的细菌外，还有各式各样的致病菌。如果你用这样的手去抓馒头、面包、点心、水果，去嗑瓜子……那么，其后果是不难想象的。

人类生活离不开手，但从卫生的观点看，手是人体最脏的部位，又是我们染病的主要媒介。这就是为什么我们说"病从手入"的原因。

显然，把住"手"这一关，就能防止很多疾病。青年人活动多，接触病菌的机会也多，因此必须格外注意手的卫生。饭前、便后，外出回家都要及时洗手；每次用手取食物之前，也要洗手，或者用干净的工具取用，减少直接用手取食而摄入病菌的机会。

这里还要附带说一下脚的卫生。脚比手接触病菌的机会少。但脚上有汗腺，有脱落的上皮细胞，这些都是脚趾甲下面的污垢的来源，它同样能成为细菌的生长处所。而且由于脚每天用鞋、袜包裹着，不通风，湿度大，因而更适合于细菌的繁殖。在适合的条件下，它们就会兴风作浪，引起甲沟炎、疮、疖等等，带来痛苦的后果。

因此，建议青年朋友每天在睡觉前一定要洗洗脚。用温热水洗脚，不仅去臭气，还能促进足部的血液循环，使睡眠更香甜。

运动后不要马上用冷水冲澡

有多少人还会喜欢在夏天冲个温水澡呢？天气闷热加之人体温度过高，洗温水澡会不会导致中暑呢？于是，夏天在操场上运动过后，带着淋漓的汗水，喘着粗气，快速赶到淋浴室里，冲个舒服的冷水澡，成了你一直以来的习惯。你认为这不但可以让自己的身体迅速降温，还能起到消除疲劳的作用。

如果只是为了图一时之快，运动后从头到脚冲个冷水澡，当时感觉很畅快，可事后很可能会感到浑身乏力，有的甚至会出现头痛。这是因为身体在大量出汗的时候，毛细血管是处于扩张状态的，如果冲冷水澡，血管急剧收缩，体内热量受外界因素影响，一时散发不出来，而且颅内的动脉血管很丰富，对外界刺激是很敏感的，在高温季节，运动后头部特别容易出汗，这时如果用冷水冲洗头部，有可能引起颅内血管功能异常，造成头晕、头痛、眼前发黑，甚至可能出现呕吐现象，严重的话，还可能会引起颅内出血。可见靠冲冷水澡的方式迅速降温危险性大，是不可取的，尤其是平时没有洗冷水澡习惯的人，身体突然遇冷后经常会引发种种不适，建议大家切莫图一时爽快，留下疾病隐患。

浑身汗水淋漓之时，如果马上用凉水冲澡，很容易把身体搞坏。因为，当人体运动之后，身体内的各器官都处于兴奋状态，毛细血管处于扩张状态，血管急剧收缩，使体内热量散发不出来。如果运动完后马上进行冷水冲浴，势必会引起局部的血液循环加快，从而对人体的心脏造成侵害。运动完后人体体温正值升高之时，此时心脏的供血量远大于平时，而突如其来的冷水则很快就会减缓血液在身体内的流动速度，从而造成血液循环不畅，手足麻木，甚至出现肌肉痉挛、头晕摔倒的不良后果。尤其颅内的动脉血管很丰富，对外界刺激很敏感，严重时还可能会引起颅内出血。

所以当你满身大汗，气喘吁吁之时，你最好不要去冲澡，先找个地方休息一下，先让自己的身体恢复到正常的状态以后，再用毛巾蘸点温水在周身先擦一遍。等你身上的汗水蒸发完全，你也不再气喘吁吁以后，再洗个温水澡才比较好。这是因为人在出汗时，特别是你在参加运动量大的活动以后，你的身体的新陈代谢会非常旺盛。为了保持温度恒定，皮肤表面就要不断扩大，同时排出的汗量也比平时多了，这样才能散发体内多余的热量，以维持人体正常的温度。

专家建议，对于绝大多数平时没有洗冷水浴习惯的人来说，夏天在运动后，还是用洗热水澡的方式来降温比较好。热水洗澡可以将身上的汗液冲洗得比较彻底，使毛囊保持清洁，还可使皮肤透气，加快皮肤和肌肉血管的血液循环，使毛细血管扩张，有利于机体排热，促进新陈代谢，使皮肤各部分获得营养，并加快代谢产物的清除。

除此之外，澡当然要洗，冷水澡也未尝不可，只是得注意一下洗的时机。只要记住一点：在身体处于兴奋状态时，是不可以洗冷水澡的。运动完后，不妨先让自己轻松一下。打开CD机，放几首你喜欢的音乐，让自己的身心在美妙的音乐中轻松下来，然后再去考虑洗澡的问题，也只有这样才能让冷水澡对你的危害减到最低。

不要久坐不动

电视、电脑、游戏机的普及使青少年一代生活和娱乐方式发生了重大变化，许多学生周末和假期不愿走出家门，更不愿意参加体育锻炼。

青少年不良的生活方式也是导致整个体质健康下降的重要原因。躺在床上看书看电视，出门打的，上下楼电梯，非油炸快餐食品不吃，非可乐等高热量饮料不喝，通宵上网，如此不良生活方式在当前一些青少年中相当盛行。

所以说青少年的体质健康问题，不仅有赖于家长和学校教育的基础维护，同时也需要自身认识和行为上的配合，这样才能真正从整体上提高他们的健康体能。

体质不健康，可能会引起：不能从容不迫地应付日常生活的压力而感到过分紧张，不愿从事渴望做的一切工作；对于一般感冒和传染病没有抵抗能力；体重标准，身体不匀称，站立时身体各部位不协调；眼睛不明亮，反应不敏捷，有炎症；头发没有光泽，有头屑；牙齿不清洁，有龋齿、疼痛，牙龈色不正常有出血现象；肌肉、皮肤没有弹性，走路感觉累；不会休息，睡眠不好。

尾 声

本书从几个大的方面对青少年身体素质培训进行了分析，希望对广大青少年朋友们有一定的帮助，并且在今后的学习生活中有一定的进步。

谨祝健康快乐成长！